사춘기 자녀 부모 파이팅

# 사춘기 자녀

이병준 지음

반박과 훈계의 실전 멘토링

# 부모 파이팅

피톤치드

머리말
# 사춘기 자녀 부모 파이팅!

    이 책은 《왕이 된 자녀 싸가지 코칭, 2020》의 실천 편으로 사춘기 자녀는 물론 최소 학령기(초등학교)에 접어든 자녀와 최대 성인이 된 자녀를 대하는 방법론이다.

    자식만큼은 누구보다 잘 키우겠노라며 모든 육아서를 독파했고 지금도 끊임없이 유튜브 채널을 구독하고 부모 교육이라면 열일을 제쳐놓고 달려갔던 부모들은 이 책을 꼭 읽어야 한다. 또한 사춘기에 대해 면죄부를 남발했던 부모들도 해당한다. 사춘기, 질풍노도의 시기, 지랄총량의 법칙, 중2병, 김정은도 무서워하는 중2, 때가 되면…, 저 때는 누구나 그래…, 사춘기니까 당연하지… 라는 말은 전부 아이 중심 심리학이 남발한 면죄부들이다. 이것들은 사춘기 발달 특성이 아니라 싸가지 결핍이다.

    본래 사춘기란 생애 발달단계의 하나로, 이 때의 발달과업은 정체성

확립이다. 정체성의 확립이란 자기가 누구인지를 알아 소명(Calling)과 사명(Mission)을 수립했다는 뜻이다. 이때의 자녀는 자기 인생의 방향을 정했고 부모는 기본적인 부모 역할을 완수했다. 육지에서 만든 배(船)를 물로 보내는 진수식(進水式)의 시기다. 정상적 사춘기를 잘 거친 자녀는 세상이란 바다를 마음껏 항해할 것이다.

영어권에서 한국인이 쓰는 영어를 역수입해서 쓰는 것이 "파이팅(fighting)"이다. 한국인의 일상에선 "싸우자!", "부딪혀보자!", "해 보자!", "힘내라!", "할 수 있어!", "난 널 믿어."라는 의미로 경기에 출전하는 선수를 비롯해 어떤 일에 도전하는 사람에게 용기를 북돋아 줄 때나 혹은 실패와 좌절의 늪에 빠진 사람을 위로할 때 쓴다.

사춘기 자녀를 둔 부모들에겐 파이팅이 필요하다. 자녀가 영유아기일 때는 아이 자체가 행복이었다. 아이의 밝은 미래를 기대했다. 그랬던 자녀가 사춘기라며 반항을 넘어 패륜의 언행을 하거나 폭력과 중독(스마트폰, 인터넷, 게임, 약물)에 사로잡혔거나 무기력 3종 세트인 "안(못)해요.", "싫어요.", "몰라요."를 말하며 삶의 의지를 상실한 모습을 보일 때면 그냥 아득한 절망감에 빠진다. 그보다 더 절망적인 것은 도대체 왜 그러는지, 또 무엇을 어떻게 해야 하는지 방법론을 모르는 무망감(無望感)이다. 그런 이들에게 사춘기 자녀를 대하는 새로운 방법론은 파이팅이 될 것이다. 왜냐하면 새로이 제공하는 방법론은 죄책감이나 불안의 늪에 빠지게 하는 심리학이 아니라 부모로서의 자신감과 확신을 갖도록 하는 부모 중심 심리학이기 때문이다.

부모는 자식을 돕고자 한다. 사춘기 자녀가 거칠게 나오고 예전과 다른 모습으로 다가오면 당황스럽기도 하고 무섭기도 하지만 그래도 어떻게든 도와주고 싶다. 다만 어떻게 도와줘야 하는지를 몰라 머뭇거리거나 섣불리 나서다 상처를 입는다. 사춘기 자녀를 대하려면 먼저 자신의 안전을 확보한 후에 도움을 줘야 하는 데 급한 마음에 손부터 내밀었다가 도리어 큰 상처를 입을 수 있다. 마치, 폭설이 내린 겨울 야생동물들에게 먹이를 줄 때, 도와주는 쪽은 호의라도 야생동물은 선뜻 다가오지 않거니와 사람이 가까이 다가가면 공격하는 것과 같다. 의도와 방법론은 별개다. 야생동물의 특성에 맞춰 적절한 도움을 줘야 하듯 사춘기 자녀들의 특성을 정확히 알고 적절한 도움을 줘야 한다.

사춘기 자녀를 대하는 방식은 비슷하다. 이 책에는 그동안 싸가지 코칭을 의뢰해 왔던 부모들이 아이를 대할 때 가장 난감해하던 상황에 대한 대처법이 담겨 있다. 내용을 읽어 보면 우리 집 상황과 똑같을 것이고 아이가 말하는 말투나 내용도 우리 집 아이와 똑같을 것이다. 그것은 이 땅에 사는 많은 아이들의 말과 언행이 마치 사이보그에 입력해 놓은 프로그램처럼 획일적이라서 그렇다. 그래도 희망적인 사실은 그렇게 획일화되었다면 대처방식도 대체로 통한다는 것이다. 물론 각 가정의 상황은 case by case이긴 하지만 각론이 다를 뿐 원론은 같다.

사춘기 자녀는 거칠다. 부모-자녀 관계가 격세지감(隔世之感)이 된 시대라 요즘은 자녀들이 부모와 싸운다는 게 아무렇지 않다. 부모와 자녀가 싸운다는 말이 성립할까? 대학생과 유치원생이 싸운다는 말이 성립하지 않듯 '싸우다'는 힘의 균형이 비슷(葛藤)하다는 전제에서 성립한다. 부모와 자녀 사이에 감정적 골이 생길 수는 있지만 싸운다는 말은 성립하지 않는다. 이것은 거역이고 패륜이다. 백번 양보해 싸운다고 하더라도, 덤벼드는 자녀에게 어쩔 수 없이 응수해야 하는 부모라면 제대로 싸워라. 싸움도 의사소통의 한 방법이니 싸움을 통해 서로를 깊이 알 수 있다. 그래서 자녀의 마음을 이해하고 그들의 전인적 균형을 맞춰주어라. 그래야 험한 세상을 거뜬히 헤쳐 나갈 수 있다.

사춘기 자녀는 불쌍하다. 《무기력의 비밀》의 저자 김현수는 이렇게 말한다. "지금 우리나라 아이들은 자신의 잠재성을 전혀 모른 채 청소년기를 끝냈다고 할 수 있다. 시키는 대로 문제집을 풀다가, 어른들한테 혼나다가, 주위에서 조롱받다가, 결국은 비관적인 아이가 되어버리고 만다. 이 과정에서 자기 자신을 못 믿게 되고 뭔가를 한다는 것에 끈질긴 회의와 불신을 쌓게 된다. 게다가 현실은 무기력한 아이들을 게으른 아이, 나쁜 아이, 비관적인 아이, 하라고 하면 잘 안 하니까 비겁한 아이로 취급한다. (중략) 심지어 제외당하는 아이도 있다."

사춘기 자녀는 도움을 요청하고 있다. 자기도 무엇을 어떻게 할지 모르니 부모든 누구든 자신의 멘토 역할을 해 주기를 갈망하고 있다. 혼내고 비난하고 공부만 강요하고 결과만 요구하는 부모 말고 마음을 받아주고 타이르고 깨닫게 하고 방향을 잡아주고 구체적인 방법론을 알려줄 부모를 기대한다. 《10대들의 사생활》 저자 데이비드 월시는 "아동기에 인격이 결정된다면 청소년기엔 인생이 결정된다."라고 말한다. 그러니 부모가 인생 선배로서 멘토가 되어라. 그런 자신에게 "파이팅!"을 외칠 때다.

# 목차

머리말 사춘기 자녀 부모 파이팅! ...... 004

## 1장
## 사춘기 자녀 진단하기

영유아 심리학의 대상이 아니다 ...... 015
방목이 아니라 방치되었다 ...... 018
학습피로증후군으로 늘 피곤하다 ...... 021
주입된 생각을 내장하고 있다 ...... 024
때가 되어도 돌아오지 않는다 ...... 027
부모를 아랫사람으로 여긴다 ...... 031
교사도 아랫사람으로 여긴다 ...... 033
늘 억울해한다 ...... 036
혈관에 차가운 피가 흐른다 ...... 040
너무 일찍 자기 방을 가졌다 ...... 044
행복을 배운 적이 없다 ...... 047
호기심과 자발성을 빼앗겼다 ...... 050
생각하는 기능을 빼앗겼다 ...... 053

| | |
|---|---:|
| 알파세대, MZ세대라는 마패를 얻었다 | 056 |
| 자기 통제력 부족으로 참지 못한다 | 059 |
| 회피하거나 지레 포기한다 | 061 |
| 기본 예의가 부족하다 | 064 |
| 풍요의 저주에 걸렸다 | 066 |
| 문해력이 부족하다 | 069 |
| 쉽게 되는 줄로 생각한다 | 071 |
| 시간 개념이 없다 | 073 |
| 멘토를 갈망한다 | 076 |

## 2장
## 사춘기 자녀 부모 진단하기

| | |
|---|---:|
| 사춘기를 잘못 이해했다 | 085 |
| 공감하다 아이 망쳤다 | 088 |
| 갑자기 복수당한다 | 091 |
| 죄책감에 사로잡혔다 | 094 |
| 가정교육을 안 한다 | 097 |
| 정신적 영양실조에 걸렸다 | 100 |
| 문제해결력이 부족하다 | 103 |
| 불안의 늪에 빠졌다 | 106 |
| 과학적 사고방식만 고수한다 | 108 |
| 부모의 드레가 부족하다 | 111 |
| 자녀를 되레 무서워한다 | 113 |
| 순간적으로 얼어버린다 | 116 |
| 꾸중을 못 한다 | 119 |

| | |
|---|---|
| 허용적이거나 과잉적이다 | 122 |
| 학교를 맹목적으로 믿는다 | 126 |
| 정상적 사춘기도 걱정한다 | 129 |
| 아버지는 대체로 무지하다 | 132 |
| 학교 공부만이 전부라 말한다 | 134 |
| 자녀를 심리적 고아로 만든다 | 137 |
| 나쁜 친구 탓으로 투사한다 | 139 |
| 아이들의 말이라면 곧이곧대로 믿는다 | 141 |
| 동기부여를 잘 못한다 | 145 |

# 3장
## 사춘기 자녀 멘토링 하기

| | |
|---|---|
| 네가 하는 말은 억지 아닐까? | 155 |
| 부모를 니네들이라고? | 158 |
| 공부를 포기했다고? | 161 |
| 넌 왜 입만 열면 불평일까? | 165 |
| 학교를 안 가겠다고? | 170 |
| 학폭에 연루되었다고? | 176 |
| 왜 자꾸 잔소리하냐고? | 179 |
| 안 깨워줘서 못 일어났다고? | 182 |
| 하기 싫어 안 한다고? | 185 |
| 왜 부모의 말이면 다 거역할까? | 189 |
| 애초에 재능이 없었다고? | 192 |
| 너의 무기력은 무능력 아닐까? | 195 |

| | |
|---|---|
| 너의 억울함에 근거가 있니? | 201 |
| 왜 너의 화분엔 싹이 안 나냐고? | 204 |
| 엄마에게 상처받았다고? | 207 |
| 왜 자꾸 인사하라 하냐고? | 211 |
| 웹툰 작가가 될 거라 공부 안 한다고? | 215 |
| 좋아하는 일만 하며 살겠다고? | 220 |
| 돈 좀 마음껏 써 봤으면 좋겠다고? | 225 |
| 게임만 하면서 살고 싶다고? | 230 |
| 그깟 돈이라고? | 234 |
| 네가 네 입으로 반항이라고? | 240 |
| 디지털 시대에 글씨가 왜 중요하냐고? | 243 |
| 너만 잘 하면 된다고? | 247 |
| 알아서 할 테니 신경 쓰지 말라고? | 250 |
| 네 말투가 뭐가 문제냐고? | 254 |
| 사랑하는 게 무슨 죄냐고? | 257 |
| 네 방이라 방문 잠근다고? | 260 |
| 짜증나서 수신 거부했다고? | 263 |
| 욕을 안 하면 대화가 안 된다고? | 266 |
| 죽어버리거나 죽여버리겠다고? | 270 |
| 공부만 하면 되지 운동은 왜 하냐고? | 274 |
| 지금까지 해 준 게 뭐 있냐고? | 277 |
| 스트레스 해소하려 폰 만진다고? | 282 |
| 이것 좀 안 하면 안 되냐고? | 284 |
| 왜 인정과 칭찬을 안 해 주냐고? | 287 |
| 너 같으면 너를 채용하겠니? | 291 |

| | |
|---|---|
| 닫는 말 부모는 자녀의 멘토다 | 294 |

# 1장
# 사춘기 자녀 진단하기

사춘기 자녀의 언행에 놀란 부모는 반사적으로 "쟤, 왜 저래?"라고 반문할 것이다. 그러나 멘토는 질문을 바꿔야 한다. "쟤, 왜 저럴 수밖에 없을까?" 요즘 아이들은 "홍수에 목말라 죽는다."라는 말처럼 물질적 풍요와 교육의 기회를 풍성히 제공받지만, 정작 인생을 살아가는 데 필요한 삶의 지혜, 관계와 소통, 문제해결력, 행복하게 사는 법은 못 배운다. 그러니 문제라고 단정 짓기 전에 왜 그럴 수밖에 없는지를 이해하는 작업이 우선이다. 그 작업을 위해 마음을 다잡을 사춘기 부모들 파이팅!!

# 영유아 심리학의
# 대상이 아니다

대형서점의 육아 및 자녀 교육 구역에서 사춘기 자녀에 관한 책을 찾기란 무척 어려운 일이다. 드물다는 표현이 아니라 전혀 없다는 표현이 맞을 것이다. 더러 사춘기, 청소년기 등으로 구분하기도 하지만 그 또한 아동의 범주에 포함된다. 아동이 만 18세 미만이라는 사실을 잘 모르는 사람도 많다. 또 기존의 이론들이 2,000년 이후에 나온 것인지 살펴보아라. 역시 하나도 없을 것이다. 그렇게 본다면 2,000년 이후에 태어난 자녀들을 대상으로 한 심리학은 없는 셈이다. 어쩔 수 없이 이전에 나왔던 심리학 이론을 배경으로 자녀를 키워야 한다.

자녀 교육 심리학은 18~19세기 계몽주의와 이후의 사회적 변화로 인해 아이를 독립적인 권리와 가치를 가진 존재로 인식하기 시작한 데서 출발한다. 이후 루소나 페스탈로치, 19세기 후반과 20세기 초, 장 피아제와 같은 아동발달학자들에 의해 아동 발달단계와 심리에 대한 연구가 활발해졌다. 특히 심리학의 아버지 프로이트의 정신분석학에서 초기 아동 경험이 성인기의 성격 형성에 영향을 미친다는 이론은 부모 역할에 대한 중요성을 부각시켰다. 이후 상담과 가족치료에서는 순기능 가정과 역기능 가정을 구분했는데 그 기준이 감정의 수용이었다. 역기능 가정은 부모가 부모 역할을 제대로 하지 못하고 자녀에 대한 학대와 방임, 노동과 앵벌이를 시키는 등 자식이 소유물이라는 인식이 지배적이다. 미국의 여성 가족치료사 버지니아 사티어가 왕성하게 활동하던 시대(1960-70년대)에는 대부분 가정이 역기능이었는데, 그녀는 1972년에 펴낸 자신의 저서 《아이는 무엇으로 자라는가 The New Peoplemaking》을 통해 대부분 가정이 불량품 생산 공장이라고 비유하였다. 그래서 역기능 가정을 순기능 가정으로 만들어야 했고 그 일의 가장 선행 작업이 자녀의 무너진 자존감을 회복시키는 일이었다. 그때부터 자존감의 회복은 상담과 심리치료의 최우선 과제가 되었다.

아이 중심 심리학은 결핍의 심리학이었다. 부모의 사랑, 돌봄, 애착, 친밀감 등의 부족으로 아이의 자존감이 형성되지 못하고, 부정적 자아상을 갖게 되어 정상인으로 살기 힘들다는 내용을 다룬다. 그러나 현대 가정의 부모들은 그렇게 무식하거나 가난하지 않다. 자녀의 숫자도 한두 명뿐이며 아이들의 권리와 인권을 존중해 준다. 요즘은 오히려 과잉의 문제가 대두되고 있다. 또한 아이 중심 심리학의 적용은 갓난아기 때뿐이다. 넓게 잡더라도 초기 유아기 정도까지일 뿐 학령기에 접어들면 부모 중심으로 바뀌어야 한다. 아이 중심 심리학에선 아이에게 어떤 의무도 없고 권리만 주어진다. 그러나 어느 정도 성장한 아이는 '선 의무이행 후 권리획득'으로 바뀌어야 한다. 그만큼의 능력을 갖춘 존재가 되었기 때문이다. 그럼에도 아무것도 안 한다면 그것은 '못'하는 것이 아니라 '안'하는 것이기에 거역이며 싸가지 없는 행동이요 정말 아무것도 할 줄 모르는 무능한 존재일 뿐이다.

그래도 추천할 만한 책이 하나둘 나오고 있다. 《아이들은 어떻게 권력을 잡았나》, 《엄한교육 우리 아이를 살린다》, 《차라리 자녀를 사랑하지 마라》, 《10대들의 사생활》과 같은 책을 읽어 보아라. 그래서 온 세계가 어떤 이유로 과도한 아이 중심 심리학에 빠졌는지, 그 결과가 어떻게 나왔는지를 살펴보아라.

**해결 TIP**

사춘기는 지극히 정상 발달시기이니, 학령기 이상의 자녀가 되었다면 부모 중심 심리학으로 전환하라. 아이를 황제처럼 받들 때는 아이가 절대 의존의 시기(갓난아기)나 미숙한 시기(초기 유아기)일 때뿐이다. 학령기에 들어섰다는 말은 아이가 최소한의 자기 앞가림 정도는 충분히 한다는 뜻이니 그때부터는 아이가 독립된 주체가 되도록 지원 방식을 바꿔야 한다.

# 방목이란 이름으로
# 방치되었다

필자가 부모 교육이나 부부 세미나에서 자녀에 대한 주제를 다룰 때 흔히 아버지들이 말하는 교육철학은 이렇다. "저는 아이를 방목합니다. 그래서 아이들더러 이래라저래라 하지 않습니다. 알아서 하라고 합니다." 그런데 막상 뚜껑을 열고 보면 방목이 아니라 방치(방임)인 경우가 대부분이다. 방목(放牧)은 가축을 치는 사람이 아침에 우리 문을 열어 가축을 밖으로 내보내고 저녁이 되면 우리 안으로 들이는 것을 말한다. 이동 방목을 하는 몽골이나 카자흐스탄 같은 나라의 유목민들은 말이나 오토바이를 타고 다니면서 가축의 출입과 건강 상태를 살피고 사나운 짐승들의 공격을 막는다. 그런데 가축을 풀어놓기만 하고 아무것도 안 하면서 대낮부터 술 먹고 퍼질러 자거나 친구들과 노느라 저녁이 되었는데도 가축을 우리로 들이지 않고 야생에서 밤을 지새우게 하거나 사나운 짐승이 와서 가축을 공격하는 데도 물끄러미 바라만 본다면 방치다.

한국의 아이들은 이런 식으로 방치된다. 낳았으니 먹이고 입히고 재워주고 학교 공부시켜 주는 것으로 부모 역할을 다했다는 부모로부터 관계적인 교류, 실존적인 교육을 받지 못해 내면적 미숙아 상태로 성장한다. 부모로부터 생존에 관련된 교육의 압박만 받았을 뿐 애정과 발달단계에 따른 심리적 지원을 받지 못한다. 그렇게 되면 무심하고 무책임한 사이코패스(반사회성 성격장애자)가 되거나, 고립되고 무능한 은둔형 외톨이(히키코모리)가 된다.

필자의 코칭으로 자녀 문제를 잘 해결한 부모 중에는 필자에게 자기 자녀의 멘토 역할을 부탁하는 이가 있다. 아이들의 고민이라는 것이 당사자로선 사느냐 마느냐를 고민할 정도의 심각한 일이지만 발달단계상의 성장통인 경우가 더 많다. 아이가 자기 고민거리를 말해오면 필자는 그 아이의 감정과 생각을 그 자체로 충분히 받아주되 답을 주기 전에 먼저 질문을 통해서 생각하게 한다. 그 질문은 문제를 더욱 객관적으로 관조하게 하여 이성적 해결의 실마리를 찾아내게 한다. 그 과정에서 자기 이해와 타인 이해, 문제 해결법을 배운다. 그렇게 도움을 받았던 중3 여학생이 고맙다며 이렇게 톡을 보내왔다.

"제가 100일 동안 고민해 왔던 문제들을 박사님 말씀을 통해서 10분 만에 해결했어요. 감사해요."

그러면서 한마디를 더 붙였다.

"그런데 왜 제 주변에는 박사님처럼 조목조목 제가 알아듣게 말씀해 주는 사람이 없을까요? 만약 누군가가 박사님처럼 저에게 질문해 주고 때론 설명과 권유를 해 주셨다면 전 두말없이 따랐을 텐데 말이에요."

**해결 TIP** "어른들은 몰라요."라는 노래 가사처럼 아이들이 원하는 것은 단순히 물질적 공급이 아니다. 자기들이 독립된 주체, 잘 다듬어진 재목으로 성장하도록 거름도 주고 가지치기도 해 주기를 바란다. 사춘기는 양육의 단계를 넘어 교육의 단계이며, 이 때 부모는 촉진자(facilitator)로서의 교사다.

# 학습피로증후군으로 늘 피곤하다

한국의 아이들은 태어날 때부터 학습의 장으로 내몰린다. 심지어 갓난아기 때부터 한글과 영어로 쓰인 그림으로 도배된 방에서 지낸다. 아이가 걸을 수 있고 말을 시작하면 이내 어린이집으로 보내진다. 그렇게 해서 유치원을 거쳐 초등학교에 입학하고 중학교, 고등학교, 대학으로 이어진다. 한국 가정의 가장 보편적인 모습이다. 그래서 한국의 아이들은 대개 학습피로증후군에 걸려있다. 학습피로증후군(Learning Fatigue Syndrome)은 지속적인 학습이나 공부로 인해 정신적, 신체적 피로가 누적되어 학습 효율이 저하되고, 동기부여와 집중력이 감소하는 상태를 의미한다.

학교에서 하는 공부는 사회생활을 위한 기본능력을 갖추게 한다.

어린이집에 보내는 것으로 시작되는 교육의 이유는 하나다. 아이로 하여금 생존능력을 갖추게 하고 남들에게 뒤처지지 않게 하기 위함이다. 그런데 그렇게 어릴 때부터 학습 마당으로 내몰린 아이들은 과연 행복할까? 공부를 제대로 하기는 할까? 그래서인지 요즘 초·중·고에는 기초학력이 부족한 학생들을 힘겨워하는 교사가 많다고 한다. 아이들이 학업을 제대로 하지 않아 학업수행능력이 형편없이 떨어졌기 때문이다. 부모는 걱정과 불안에 비싼 돈 들여가며 학원까지 보내지만, 아이들에게 학원은 학업의 연장선이라 또 하나의 지옥일 뿐이다. 자기가 필요를 느껴 가는 학원이 아니라면 더욱 그럴 것이다. 어쩌면 많은 학부모는 학원 업종의 사람들을 먹여 살리는 구제 사업을 하는 셈이고 학원은 아이를 위한 곳이라기보다 부모의 불안을 잠재우는 방편일 뿐이다.

설령, 학교를 성실히 다녀 학업을 완벽하게 수행했다 하더라도 그것은 인생이란 자동차의 한쪽 바퀴만 갖추었을 뿐이다. 자동차는 양쪽 바퀴의 균형인 휠 정렬이 맞아야 한다. 학교가 왼쪽 바퀴라면 가정은 오른쪽 바퀴다. 그런데 학교 보내는 것만으로 교육을 다 했다고 여긴다면 한쪽 바퀴만 달린 자동차로 만든 셈이다. 앞으로 갈 수도 없고 아무리 애를 써도 제자리를 맴돌 수밖에 없다. 사회화 교육 이전에 가정의 인성교육이 우선되고 그 바탕 위에 사회화 기능을 첨부해야 제대로 된 사람으로 키워낼 수 있다. 그러므로 학교는 인성교육의 의무가 없다.

결국, 아이들은 태어날 때부터 교육의 홍수 속에 살았으면서도 정작 필요한 교육을 제대로 받은 적이 없는 안타까운 아이러니의 주인공이 되었다. 그래서 아이는 아이대로 피곤하고 부모는 부모대로 피곤하다.

**해결 TIP** "교육은 학교"라는 명제부터 버려야 한다. 먹여주고 입혀주고 학교 보내는 것으로 부모 역할을 다한 게 아니다. 학교에서 가르쳐주지 못하는 것은 부모만이 가르쳐줄 수 있다. 그러니 가르치고 싶은 말은 언제든 자신있게 하라. 비난과 경멸의 언어는 상처를 주지만 꾸중과 훈계는 심리적 맷집을 강화한다.

# 주입된 생각을
# 자기 생각이라 착각한다

✕

　필자는 싸가지 상담사로 불린다. 그래서 필자에겐 사춘기 자녀 문제로 여러 상담센터를 전전하고도 해결을 못해 마지막 희망의 끈을 붙잡고자 오는 부모들이 꽤 많다. 그분들에게는 24시간 연결된 실시간 코칭을 통해 자녀 문제를 바로 잡도록 돕는다. 그 세월이 13년이 넘었다. 13년 넘는 세월 동안 싸가지 코칭을 하다 보니 사춘기 자녀 문제로 코칭을 의뢰하는 부모들이 말하는 아이들의 증상은 똑같았다. 똑같아도 너무 똑같아 놀랐다. 아예 부모들이 하소연을 하기 전에 필자가 나열해 놓은 증상 목록부터 확인해 보고 동그라미를 치라고 한다. 그러면 그 모든 증상에 다 동그라미를 칠 수밖에 없다며 다른 집 아이들도 다 이렇게 행동하냐고 반문한다. 필자는 이렇게 비유한다.

"요즘 아이들은 공장에서 만들어진 로봇이나 사이보그 같습니다. 마지막 출시 직전, CPU에 프로그램을 주입하면 모든 로봇과 사이보그는 그 프로그램대로 움직입니다. 그러니 자기가 누구인지도 모르고 어떤 것을 좋아하는지도 모르고 무엇을 해야 할 지도 모르는 주체가 되었고 주입된 생각을 자기 생각으로 착각하고 삽니다."

주입된 프로그램을 제거하고 새로운 프로그램을 설치해야 하는데 안타깝게도 기존의 버전은 다 영유아 중심 버전이다. 이 책은 사춘기 자녀를 다루는 신버전이다. 최소 학령기에 접어든 부모를 위한 책이지만 성인이 된 자녀들을 대하는 부모에게도 유용할 것이다. 또한 영유아기 자녀의 부모에게는 예방효과로 탁월할 것이다.

주입된 생각을 빼는 작업은 질문이다. 자녀를 멘토링하는 부모는 질문의 고수가 되어야 한다. 굼벵이도 구르는 재주가 있다는 속담은 사람은 누구나 자기만의 능력이 있다는 뜻이다. 그러니 부모는 자녀가 자기만의 생각을 할 수 있도록 꼬리에 꼬리를 무는 질문을 던져야 한다.

"넌 뭘 할 때 시간 가는 줄 모르니?"
"넌 엄마, 아빠가 어떻게 해 줄 때 가장 기분이 좋아?"
"네가 평생 직업으로 삼아도 좋은 건 뭘까?"
"네가 좋아하고 잘하는 것 중에 너에게도 좋고 남들도 이롭게 하는 게 있다면 뭐가 있을까?"
"그렇다면 그 일을 하기 위해서 지금 해야 할 일이 무엇일까?"
"그 일을 하기 위한 너의 실력과 지식은 어느 정도일까?"

"네가 만약 그 분야의 전문가라면 너에게 무슨 말을 해 주고 싶어?"
"만약, 네가 엄마 나이라면, 너에게 뭐라고 말해주고 싶어?"

**해결 TIP**

요즘 아이들의 생각은 대체로 규격화되고 획일화되었다. 그러니 아이가 하는 말을 곧이곧대로 믿고 자책하지 말라. 아이가 하는 말에 논리와 근거로 반박하고 논쟁(debate)으로 이끌어라. 최근에 알려진 유대인의 하브루타 교육 핵심 원리도 논쟁이다. 부모와의 논쟁을 경험한 아이는 자기의 잘못과 부족을 인정할 줄 안다. 그런 아이는 타인의 잘못을 포용할 줄 안다.

# 때가 되어도
# 돌아오지 않는다

예전의 부모 교육이 사춘기에 대한 면죄부를 부여한 주된 이유는 사랑의 박탈 혹은 애정 결핍 이론 때문이었다. 영국의 소아과 의사이자 정신분석가인 위니캇(Donald Winnicott)의 《비행과 박탈》이란 책에서는 아이들의 비행 행동을 일종의 의사소통이라고 하였다. 즉 아동의 비행 행동은 비난받아야 할 문제가 아니라 심리적 박탈에 기인했고 그것은 소속감의 욕구와 관계 회복의 열망이라고 해석했다. 이런 관점에서의 시나리오는 드라마 〈응답하라 1988〉에서나 나올 법한 내용이다. 대체로 이렇다.

어떤 집의 고등학생 남자아이가 집이 싫다며 가출했다. 며칠 동안 연락이 없었는데 어찌어찌 수소문을 해서 아이를 찾았더니 꾀죄죄한 모습에 며칠 굶은 상태였다. 영락없는 거지꼴이었다. 아무 말 없이 중국집에 데리고 가 짜장면 곱빼기를 시켜주니 마파람에 게 눈 감추듯 먹어 치웠다. 그리고 아무 말 않고 집으로 앞장서니 아이가 묵묵히 따라왔다. 집에 온 아이를 꾸중하지 않고 그냥 씻기고 재웠다. 그 일 이후 아이는 두 번 다시 집을 나가지 않았다.

그러나 요즘 아이들의 가출 이유는 다르다. 뭔가 바라는 것이 있었는데 그것을 충족해 주지 못하는 부모에 대한 불만이나 가난하고 열악한 환경이 싫어 나간 게 아니다. 자신의 왕국에서 천한 것들이 자기 요구사항을 이행하지 않거나, 황당하고 무리한 요구를 한다거나, 도리어 의무를 부과시키려 한다고 느낄 때 화를 내며 나간다. 자기가 나간 게 아니라 부모가 자기를 나가게 했다고 한다(투사하기). 그러니 며칠 뒤에 부모가 찾아오더라도 눈물 흘리거나 죄송스러워 하지 않는다. 오히려 왜 이제 왔냐며 눈을 흘기고 화를 낸다. 짜장면 곱빼기를 시켜주어도 이딴 것 사 주냐고 화를 낸다. 이것은 심리적 자폐 현상으로 생물학적으로는 성장(Growth)했어도 정신적으로는 갓난아기에 고착(Fixation)되었기 때문이다. 갓난아기란 본시 '타인'이란 개념이 없고 울음을 통해 자신의 필요만 충족시키려 하는데, 이에 돌봐주는 주체인 1차 양육자(엄마)는 즉각 응해준다. 즉각 응해주지 않으면 자지러지게 울고 젖꼭지를 깨물어 버리는 아기처럼 정신 나이가 갓난아기에 고착된 자녀는 늘 징징대고, 요구만 하면서 빨리 안 해 주면 물건을 부수고 쌍욕을 한다.

때가 되면 돌아오지 않는 또 하나의 이유는 '드레'의 부족이다. 드레는 순우리말로, 사람의 품격으로서 점잖은 무게다(daum 사전). 경상도 말로 '세건'이나 표준어로 '철'이라는 말, 일상용어로는 '기본개념'과 비슷하다. 그러니까 교양인으로서 최소한의 용량은 채운 상태를 말한다. 이를테면 물 한 잔을 누군가에게 부탁했는데 부탁받은 누군가는 최소 절반 이상의 물이 찬 컵을 가져다주는 게 보편이다. 정수기에 설정된 물 한 컵의 기준이 120ml인데 10ml 정도밖에 안 되는 물을 담았다면 받는 사람은 어떤 표정을 보일까? 물 한 잔의 기준을 무슨 법으로 정한 건 아니라도 컵이나 그릇에 절반 이상의 물이 찬 상태라고 암묵적 동의가 되어 있다. 이렇게 드레가 차 있는 사람이어야 기본 소양, 의사소통 능력, 대인관계능력, 지남력(指南力), 시간과 장소, 상황이나 환경 따위를 올바로 인식하는 능력을 지니고 있다.

지금 부모들이 학생이었을 때는 '드레' 지수가 누구나 최소 60% 이상이었다. 그래서 공부를 잘하든 못하든, 재능이 있든 없든, 부자든 가난하든 집에서 해야 할 일, 사회에 나가서 해야 할 기본적인 개념을 알고 있었다. 그러나 요즘 아이들의 드레 지수는 10%도 채 되지 않는다. 그래서 60%의 부모가 말하는 '기본'이 무슨 뜻인지 모른다. 그렇게 어른이 되어 사회에 나가면 여전히 개념 없는 사람이 된다. 이런 청년들이 적지 않다. 당사자는 세상을 원망하겠지만 실은 턱없이 부족한 드레로 인한 현상이다.

필자는 싸가지 코칭을 오는 부모들에게 이 현상을 연못으로 비유해서 말한다. 큰 저수지든 연못이든, 아니면 밭 옆에 파 놓은 조그만 웅덩이든, 파 놓은 곳에는 물이 어느 정도 차 있어야 무엇으로든 쓸 수 있다. 가물 때 물 공급용으로 쓰든, 농약을 희석할 때 쓰든, 미꾸라지나 우렁이를 키우든 뭐라도 할 수 있다. 그런데 파 놓은 구덩이에 물이 없다면 어떤 용도로도 쓸 수 없다. 요즘 아이들의 내면 상태가 그렇다. 즉 지금의 나이가 되기까지 들었어야 할 드레의 내용을 들은 적이 없다. 하고 싶어도 하지 말아야 할 언행, 하기 싫어도 해야 할 행동이 있고, 사람으로서 마땅히 해야 할 규범, 윤리, 기본 행동 및 사회화 기능들이 있는데 요즘 아이들은 그런 것들을 들은 적이 없다. 연못의 물은 지하수, 도랑물, 빗물, 논물, 축사에서 오는 똥물까지도 포함되는데 물이 어느 정도 차면 자정능력이 생기고 이내 생태계가 형성된다. 요즘 부쩍 늘어나는 자녀들의 무기력증 이유도 이 관점으로 보면 세상으로 '안' 나가는 게 아니라 기본적인 능력, 드레가 부족해 '못' 나가는 것이다.

**해결 TIP**

'저 정도 나이면 이 정도는 알겠지?'라고 착각하지 말라. 아이들은 들은 적이 없어서 백지상태요, 그저 파 놓기만 한 연못이다. 지하수가 조금씩 나오고 있긴 하지만 그것으로 연못을 채우기엔 역부족이다. 그러니 부모는 할 말이 있으면 하고 시킬 일이 있으면 그냥 시켜라. 어떤 아이는 스펀지처럼 흡수할 것이다.

# 부모를 아랫사람으로 여긴다

"어떻게 엄마 아빠가 수직 관계의 위에요? 헐!"

초등학교 5학년생 두 명의 입에서 동시에 터진 반문이었다. 필자가 어느 학부모의 부탁으로 초등 5학년생 두 명을 대상으로 〈13세 성인식을 준비하기 위한 인생 밸런스 아카데미 과정〉을 6회기로 진행한 적이 있었다. 그 내용 중에 '수평 관계와 수직 관계'라는 장이 있다. 수평 관계는 친구, 연인, 동기, 동창, 동료와 같은 개념이고 수직 관계는 부모, 교사, 목회자, 직장 상사, 상관과 같은 개념이라고 설명할 때였다. 두 아이가 눈을 둥그렇게 뜨고 부모가 어떻게 수직 체계냐고 반문했다. 도무지 말도 안 되는 소리를 들었다는 표정이었다.

"너희가 부모님을 낳았니? 부모님이 너희를 낳았니? 너희가 커서 결혼하고 자식을 낳으면 너희가 윗사람인 거 아니야?"

요즘 아이들은 대개 이렇게 생각한다. 의심스러우면 직접 물어서 확인해 보아라. 너무 많은 권리, 너무 많은 혜택, 너무 많은 자유와 너무 많은 선택의 기회를 부여받아 생긴 참상일 것이다. 우리 사회의 교육정책, 학교 환경 및 사회 분위기가 온통 아이 중심으로 되어 있다. 이런 분위기에서 자란 아이들이 학령기에 접어들면 '형평강박'의 사고를 가진다. 형평강박이란 모든 사람을 자기와 똑같은 위치에 두려는 습성을 말한다. 가장 먼저 부모와 자기를 동일 선상에 둔다. 그래서 부모가 한 마디 하면 자기도 한마디 하고 부모가 등짝 스매싱을 하면 자기도 부모를 때린다. 어린이집이나 유치원, 나중에 학교에 가면 교사를 자기와 똑같은 위치에 둔다. 그러다 초등 고학년 이상이 되고 중고생이 되면 부모들을 향해 '님'자 같은 것은 아예 빼버리고 "너, 니네들"과 같은 말을 쓰는 게 일상이고 문자는 물론 얼굴 앞에서 대놓고 쌍욕을 퍼붓거나 폭력도 서슴지 않는다. 그러면서도 잘못이라고 생각하지 않고 욕먹을 짓을 했기에 욕한다고 합리화한다.

**해결 TIP** 한국어는 존대어가 발달한 언어이다. 아랫사람은 윗사람에게 높임말을 써야 한다. 자녀도 부모에게 높임말을 쓰는 게 원칙이다. 지금 당장 일상 대화에서 부모에게 높임말을 쓰게 하긴 쉽지 않겠지만 문자부터라도 높임말을 쓰게 해서 자연스럽게 몸에 배도록 하는 게 좋다.

# 교사도 아랫사람으로 여긴다

　필자는 교사들의 볼멘소리도 많이 듣는다. 몇 년 전 초등학교 교사 대상으로 연수를 진행했던 적이 있다. 강의를 마치고 간담회가 이어졌는데 다들 이런저런 고충을 이야기했다. 그들 중 5년 차 남자 교사가 "그래도 최소한 우리 반 애들은 저를 때리지는 않아요."라고 말하는 통에 한바탕 웃긴 했지만 어딘지 씁쓸한 웃음이었다.

　또 어떤 현직 교사가 자신의 블로그에 통제가 안 되는 아이들, 교사의 권위가 사라진 교실에서 겪는 고충을 올렸다. 댓글엔 교사가 수준 미달이라며 비판하는 이가 있기도 했지만, 대부분은 그 상황을 이해하는 분위기였다. 이것은 교사의 자질 문제가 아니라 학교 시스템의 문제다. 집에서 윗사람이 없었던 아이들이 학교에서 교사를 윗사람이라

여길 리 없다. 이 또한 과도한 아이 존중이 불러온 참사이다. 황제처럼 떠받드는 시기는 영아기뿐인데 학령기에도 황제처럼 떠받들다 보니 아이는 자기가 수직 체계의 윗사람이란 착각에 빠져 있다. 단적으로 어린이집이나 유치원에 가면 아이가 메고 온 가방을 교사가 건네받고 사물함에 넣어준다. 이 행동은 저택의 집사들이 상전들을 맞이할 때 하는 행동, 호텔에서 VIP를 접대할 때 하는 행위이다.

지난 2024년 7월 전주의 한 초등학교에서 초등 3학년 아이가 교감의 뺨을 때리고 욕설한 사건이 있었다. 한때 아주 시끄러웠고 아이의 어머니에 대해 경찰이 전문기관 상담과 교육을 받도록 임시 조치했다. 내막이야 살펴보아야 하겠지만 어쩌면 아이의 이 행동은 '형평강박'에 대한 반사적 행동이었을 것이다. 자신들의 입지가 부모, 교사와 동일한데 교사가 제지하거나 교육할 때 듣지도 않을뿐더러 자기의 심기를 건드렸다는 이유로 폭언과 폭행을 할 수 있는 정당성을 부여하니 이 아이는 세상 어디에서나 폭군처럼 행동한다.

교육이란, 보통의 나무를 재목이나 정원수로 키우는 일이며 교사는 정원사다. 잔가지를 쳐내고 병충해도 예방하고 거름도 줘야 한다. 아무렇게나 자란 나무는 잡목에 불과하나 관리한 나무는 재목이 된다. 똑같은 나무라도 자생하는 나무와 정원수가 다른 것은 관리하는 손길 덕분이다. 아무렇게나 자라던 나무도 정원사의 손길을 거치면 멋진 정원수가 된다. 교육이란 그런 것이다. 그러나 안타깝게도 이 나라에서는 정원사의 손에 도구를 쥐여 주지 않는다.

**해결 TIP** | 학교의 교사가 윗사람인 것을 알려주라. 아무리 민주사회가 되었다 해도 수직 체계가 존재하고 권위가 필요하다. 오히려 친밀감을 형성하는 수평 관계도 확실한 수직적 관계 위에서 생성된다.

# 늘 억울해한다

"나한테 해 준 게 뭐 있어?"
"왜 자꾸 나한테만 그래?"

사춘기 자녀들이 불평불만을 앞세우고 하는 말이다. 모든 게 불만이다. 뭔가 자기가 원하는 것이 있는데 부모가 거절했거나 일이 생각한 대로 이뤄지지 않았을 때 이렇게 말한다. 감사라고는 눈곱만큼도 없다. 너무 많은 편리와 혜택을 누린 나머지 '감사'를 느끼는 센서가 형성되지 않았거나 그나마 있던 센서마저도 거세당해 생기는 현상이다. 너무 많은 풍요, 너무 많은 권리, 너무 많은 음식, 너무 많은 혜택, 너무 많은 안락은 '감사'를 느끼는 센서를 작동 불능으로 만든다. 마치 배가 터지도록 음식을 먹은 사람에게 아무리 맛있는 음식을 주어도 먹지도 않을뿐더러 음식을 주는 사람에게 화를 내는 것과 같다.

<mark>사례</mark> 고3 딸을 둔 집이 있었다. 아이는 늘 인상을 쓰면서 불평만 해 댔다. 그러면서도 공부는 안 하고 학교도 늘 지각하거나 무단결석을 밥 먹듯 했다. 집에서의 생활도 엉망이었다. 가족이랑 같이 식사도 안 하고 혼자서 라면이나 배달 음식을 시켜 먹는데 먹고 나면 뒷정리를 안 한다. 방은 돼지우리를 방불케 했다. 참다못한 엄마가 몇 마디 했더니 어느 날 아이가 이렇게 선포했다.

"해 준 게 뭐 있다고 그래. 나는 더 이상 이 집의 자식 아니야."

아이의 말을 들은 엄마는 문서를 작성했다. 아이를 가질 때부터 시작해서 지금까지의 병원비, 교육비, 음식비, 의복비, 숙박비 등을 다 계산했다. 합산된 금액이 2억 3천만 원 가까이 되었다. 상세 명세를 꼼꼼히 기록한 것을 첨부한 후에 청구서를 내밀었다.

"청구서 받아보시고 해당 금액을 4월 10일까지 납부해 주시기를 바랍니다."

청구서를 받은 아이는 팔짝 뛰었다.

"이거 뭐야? 이게 무슨 말도 안 되는 청구서냐고?"

엄마는 아주 차분하고 낮은 어조로 극존칭의 언어를 쓰면서 말했다.

"말이 안 되다니요? 왜 말이 안 됩니까? 임께서 스스로 말하셨잖아요? 본인은 더 이상 이 집의 딸 아니라고. 그렇다면 우리가 무슨 이유로 우리 딸도 아닌 사람을 먹여주고 재워주고 학교 보내주고 옷 사 주고 스마트폰 개설해 주고 요금도 내줘야 한다는 겁니까? 밥도 제시간에 안 먹고, 음식 해 먹거나 배달 음식 시켜 먹으면 뒷정리도 안 하는 분을 말이죠. 본인 입으로 이 집의 딸이 아니라고 했으니 그동안 들어간 모든 비용을 청산하고 나가 주십시오. 그 비용도 일부 빠진 것을 포함하면 최소 비용에 불과합니다. 실제 들어간 돈은 그보다 많았으면 많았지 적진 않습니다."

"나도 알바 했다고…"

"알지요. 잘했고 대견했지요. 그런데 그 알바로 번 돈 가지고 가족을 위해 쓰신 일이 있는지요? 100% 다 본인을 위해 쓰지 않았던가요?"

"아무리 그렇다고 그 많은 돈을 내가 어떻게 만들어?"

"방법은 한 가지 있습니다. 이 집의 딸이면 그 모든 비용은 즉시 제로가 됩니다. 우리는 즉시 탕감해 드립니다. 거기에 품위유지비로 용돈까지 제공합니다. 단, 조건은 성인이 되어 독립해서 이 집을 나가기 전까지는 이 집의 규칙을 따라야 하고 가족 간 기본 예의를 지켜주셔야 합니다."

아이가 적잖이 놀랐다. 산출 액수도 놀랐지만, 엄마가 예전처럼 잔소리 대신 극존칭을 쓰면서 차분하고 느린 음성으로 논리와 근거를 제시하는 게 더 싸늘했다. 며칠 뒤에 아이는 자기 생각이 짧았다는 것을 인정했고 조금씩 생활 습관을 바꿨다. 물론, 그 이후론 엄마도 잔소리 대신 꼭 필요한 말을 논리 정연하게 말하게 되었다. 그 엄마가 그랬다.

"처음엔 그렇게 하는 것이 무슨 효과가 있나 생각했었습니다. 그런데 금액을 산출해 보고 저도 놀랐습니다. 부모로서 정말 많은 말을 해 주었다는 느낌도 들었고요. 또 극존칭으로 말을 해 보니 감정에 휘둘리지 않게 되고 말을 천천히 하게 되어 이성적으로 대처하게 되더라고요. 아이의 행동에 변화가 생기는 게 신기하기만 합니다. 아무리 잔소리해도 변하지 않던 아이인데… 감사합니다."

**해결 TIP** | 본래 자식은 못 받은 것을 생각하고 부모는 못해 준 것을 생각한다. 충분히 다 해 주었으니 부족하다고 여기지 말라. 미안해하지도 말고 죄책감도 느끼지 말라. 아이가 억울해하면서 억지를 부린다면 이미 다 컸다는 뜻이고 그 정도 크기까지 혼자 큰 게 아니다.

# 혈관에 차가운 피가 흐른다

"선생님, 저는 기독교 모태신앙이에요. 이 땅에 기독교가 처음 전해질 때 신앙을 가졌던 4대째 믿는 집안 출신이랍니다. 그런데요, 제가 요즘 하는 생각은 불교의 '전생설'입니다. 연년생 딸아이 둘이 싸우는 모습을 보노라면 '쟤네들이 전생에 원수가 아니었다면 저렇게까지 처절하게 싸울 리가 없다.'라는 생각까지 들어요. 어쩌면 언니는 저렇게 차가울까요? 어쩌면 동생은 저렇게 무례할까요? 그나마 딸들이라 그렇지 아들 둘이었다면 치고받고 싸우는 통에 집안에 남아나는 물건이 하나도 없었을 거예요."

누군가 아프거나 불행한 일을 겪으면 곁에 있는 사람은 감정이입이 되는 법이다. 정서적 전염효과(Emotional Contagion)라고 한다. 그런데 냉소주의자는 외부에서 어떤 상황이 발생해도 휘말리지 않는다. 좋게 보면 냉정한 이성을 유지하는 것이지만 사실은 무심하다. 요즘 아이들은 차갑다. 형제끼리는 물론이고 부모 중 누가 아프다고 해도 물끄러미 바라만 보거나 싸늘한 태도를 보인다. 부모가 아프면 아픈 일로 인해 생길 자신의 불편에 대해 화를 내는 아이들도 있다. 이기적인 아이로 자라서 그렇고 그 역시 너무 많은 권리를 부여받아서 그렇다. 부모가 아플 때 돕겠다고 나온다면 그 아이는 그래도 가슴이 따뜻한 아이다.

차가운 것의 또 다른 양상은 무관심이다. 외부에서 무슨 일이 있어도 관심을 두지 않는다. 싱크대에 설거지할 그릇이 쌓여있어도 자기가 설거지해야 한다는 당위성은 없다. 집 안이 지저분해도 청소할 생각은 안 한다. 심지어 가족 중 한 사람에게 온 택배도 집안으로 들여놓지 않는다. 얼핏 보면 각자의 영역을 존중하는 경계선 설정인 것 같지만 이것은 무관심이요 냉소주의에 해당한다. 어떤 일에 대한 개념이나 주인의식이 있으면 설거지가 안 되어 있을 때, 거실이 지저분할 때 자기가 나선다. 설령 원인 제공자가 아니라도 지저분하기에 치워야 한다는 당위성이 생긴다. 그리고 우리 가족에게 온 택배라면 받아 둔다. 그런 태도를 가져야 사회에 나갔을 때도 인정받고 사랑받는다.

냉소주의자는 이성적으로 똑똑할 수 있고 그래서 그 탁월함으로 어떤 큰 성취를 이루어낼 수는 있지만 차가운 사람이라 그의 곁에는 사람이 모이지 않는다. 가까이 가면 냉기만 싸늘하게 도니 누구라도 가기 싫어한다. 물론, 당사자도 누군가 오는 것이 달갑지 않고 중요하지도 않다. 이것은 '고립'이라는 방어기제에 해당하고 친밀한 관계 자체를 싫어하는 분열성 성격장애(Schizoid Personality Disorder)에 해당한다. 이 성격장애는 타인과의 관계에 관심 자체가 거의 없다. 정서적으로 둔감하고, 대체로 고립된 생활을 선호한다. 사회적 활동이나 친밀감에 대한 욕구가 낮으며, 타인의 칭찬이나 비판에도 큰 영향을 받지 않는다.

냉소주의자는 스스로가 설정해 놓은 공간 안으로 들어가서 빗장을 질러 잠가버린다. 이에 따라 생기는 현상이 고독이다. 고독은 심리적 방어기제인 고립(isolation)과 직결되며, 고립은 절망에 이르게 한다. 실존주의 철학자 키에르케고르(Søren Kierkegaard)는 절망을 '죽음에 이르는 병'이라고 하였는데, 인간이 자기 본질을 깨닫지 못하고 자기 자신이 되는 것을 두려워할 때 절망이 발생한다고 주장한다.

이렇게 현대사회엔 우울증과 공황장애, 조현병 같은 정신병리 현상이 더 늘어나고 있다. 즉 관계의 결핍에서 온 것이다. 심한 우울증이나 자기소외(Self-Alienation)는 고립과 절망이 동시에 작용할 때 발생한다. 미 펜실베이니아 대학교 심리학과 교수이자 긍정심리학의 창시자인 마틴 셀리그먼(M.Seligman)은 이렇게 말했다.

"현대사회의 만연한 우울증은 공동선에 대한 헌신적 태도가 없는 엄청난 개인주의 때문이다."

또 고립되어 있는 현대인들을 콕 집어 이렇게 말했다.

"현대인에게는 뭔가 모자라는 부분이 있는데 그것은 연결되어 있다는 생각, 소속감, 상호 관련, 사람들의 일부라는 생각 등이다."

**해결 TIP** 냉소주의자는 자신의 감정보다 논리나 사실에 집중하는 경향이 있다. 부모는 질문을 던져서 타인의 감정을 이해하는 연습을 시킬 필요가 있다. "네가 언니라면 어땠을까?" "네가 동생이라면 언니가 그렇게 말할 때 어떨 것 같아?" 나아가 타인을 위한 봉사활동을 하는 것이 좋다. 사람은 누군가를 도울 때 행복감을 느끼는 실존적 존재이기 때문이다.

# 너무 일찍
# 자기 방을 가졌다

　자기 방을 갖는다는 것이 문제가 아니라 자기 방이라는 권리만 있고 자기 방을 갖는 것에 따른 의무 불이행이 문제다. 아이의 개별성을 존중해 주는 차원에서 방을 준다는 것은 아이에게 특별한 권리다. 권리는 반드시 거기에 따른 의무를 요구한다. 그래서 어릴 때부터 자기 방 청소, 물건 정리 정돈하기, 책상 정리하기, 일어나면 침구 정리하기 등은 지극히 당연한 일이어야 한다.

　그리고 자기 방을 가지려면 자기 통제력과 자기관리의 능력을 갖춘 상태여야 한다. 아이가 원한다고 데스크톱이나 노트북을 아이 방에 설치해 주는 것은 고양이에게 생선가게를 맡기는 것과 같다. 아이가 인생 준비 기간, 학습과 교양 수준을 높이기 위한 용도로 활용한다면 문제 될 것 없다. 간간이 게임한다고 해도 쉼이나 충전 차원이라면 무방하다. 그러나 방에 설치된 컴퓨터 때문에 집에만 오면 게임하느라 공부는 뒷전이고 식사 시간에도 안 나오고 몸을 움직이는 활동을 하나도 안 하고, 휴일에도 하루 종일 게임, 평일도 게임 때문에 밤늦게 자서 아침에 못 일어나 학교를 못 가는 일이 발생하는 등 생활 리듬이 무너진다면 심각한 문제다.

자기 방은 개인의 프라이버시를 인정하고 존중한다는 뜻이다. 부모라도 아이의 프라이버시를 함부로 침범해서는 안 된다. 개인의 프라이버시란 개인의 일기장이라든지, 속옷을 갈아입을 때 안전이 보장된다든지, 방 안의 물건을 동의 없이 임의로 바꾸거나 치우지 않는 것이 해당한다. 그런데 아이도 자신의 프라이버시를 지키려면 자기의 의무를 이행해야 한다. 아직 부모의 슬하에 있다면 주기적으로 부모의 검열을 받아야 한다. 부모 슬하에 있는 동안에는 허용되는 것과 안 되는 것을 명확히 구분해야 하기 때문이다. 집에서 그 작업이 된 아이라야 자기 통제력이 생긴다. 검열은 과수의 잔가지를 쳐내는 작업이며 과수의 꼴을 만드는 과정이다. 아이가 싫어한다고 해서 검열을 하지 않으면 아무리 좋은 품종의 과수라도 제대로 된 열매를 맺지 못하는 것과 같다. 즉 외적으로 아무리 뛰어나도 인성이 바탕이 안 되면 큰 인물이 되지 못한다. 우리 주변에는 탁월한 사람임에도 불구하고 기본 인성이 안 되어 부적응자로 평생을 살아가는 안타까운 사람들이 적지 않다. 내 자녀가 그런 사람이 되지 않게 하려면 검열해야 한다.

**해결 TIP** 자기 방 관리를 철저히 하게 하라. 방 청소 및 가재도구 정리하기, 옷 잘 걸어두기, 책상 정리 등 다 하게 하라. 방을 관리하지 못하는 아이는 자기 방을 가질 자격이 없다.

## 행복을 배운 적이 없다

이 나라 아이들은 행복을 배운 적이 없다. 부모들도 마찬가지다. 오로지 생존에 관한 부분만 강요받는다. 어떻게든 살아남고 어떻게든 우위를 점령하고 어떻게든 돈을 벌고, 어떻게든 유명해지고, 어떻게든 힘을 가진 주체로 살기를 바라는 쪽으로만 초점이 맞춰져 있다. 그 때문에 자녀는 학습피로증후군, 부모는 탈진증후군(burn-out syndrome)에 걸려 있다. 탈진증후군이란 과중한 업무로 몸과 마음이 완전히 녹초가 되는 현상이다.

아이들도 그렇지만 어른들의 탈진증후군도 만만치 않다. 40-50대 남자들의 과로사율이 가장 높은 나라가 한국이라는 것은, 얼마나 많은 남자들이 일 중심으로 살고 있는지를, 그로 인해 많은 남자가 심각한

탈진증후군에 놓여 있는지를 보여준다. 아이들은 아이들대로 어릴 때부터 학습의 장으로 내몰리며 시도 때도 없이 공부해야 한다. 그로 인해 어린 나이에 탈진증후군에 걸려 아무것도 못 하고 아무 의욕도 없는 아이들이 된다. 이것은 무기력으로 드러난다. 갓 만든 고무줄은 탄력이 있지만 오래 묵은 고무줄은 삭아서 탄력을 잃고 이내 쉽게 떨어져 버린다. 잡아당긴 상태에서 오랜 시간이 흐르니 쉽게 삭을 수밖에 없다.

행복은 배울 수 있는 기술이다. 미국 캘리포니아 대학교 리버사이드 캠퍼스(University of California, Riverside)의 심리학과 교수이자 《하우 투 비 해피How to be happy》의 저자 소냐 류보머스키(Sonja Lyubomirsky) 교수는 행복에 영향을 미치는 유전적 요인은 50%, 환경적 요인은 10%, 나머지 40%는 개인의 조건에 달려있다고 하였다. 그러니까 행복은 개인이 만들어내는 삶의 기술이고 배워서도 얼마든지 가능하다는 뜻이다.

아이들을 행복하게 만들고 싶다면 어릴 때부터 행복 교육을 하라. 행복해지는 비결은 다음과 같다.

첫째, 감사하기다. 감사하는 법을 가르쳐라. 일기를 쓰게 하면서 하루에 감사한 일 3가지를 말하거나 쓰게 하는 것도 좋다. 예를 들자면 아이 생일에는 부모님께 감사하는 카드를 쓰게 하라. 감사하다고 말하는 법을 어릴 때부터 가르쳐라. 무엇을 하든 감사하다, 고맙다는 말을 하도록 가르쳐라. 그렇게 해야 감사라는 센스가 민감하게 작동되어 작은 것에도 행복을 느끼는 사람이 되지만, 감사를 가르치지 않으면 감사를 느끼는 센서가 아예 형성되지 않거나 퇴화하고 만다.

둘째, 만족하기다. 감사하기와 같은 개념이다. 만족을 모르는 사람이 행복할 수 없다. 만족하는 법을 가르쳐라. 주어진 것들의 소중함을 가르쳐라. 이때 쓰는 방법은 변증법이다. 가정법을 써서 없다고 가정해 보라. 부모님이 안 계신다면? 집이 없다면? 직업이 없다면? 내 방이 없다면? 그렇게 가정하고 지금 내 상황을 비교해 보면 충분히 만족하게 될 것이다. 복(福)은 회의 문자다. 볼 시(示)+한 일(一)+입 구(口)+밭 전(田)으로, 하나의 입에 맞는 밭의 크기를 볼 수 있는 눈이다. 즉 만족을 말한다. 자신의 삶에 만족하는 눈이 최고의 복이란 뜻이다.

셋째, 자기효능감을 느끼게 하라. 즉 쓸모 있는 사람, 유용한 존재임을 느끼게 하는 것이다. 우리는 공부가 자기 존재를 입증하는 자기효능감의 수단임을 몰랐다. 그래서 공부를 잘하는 사람은 공부를 통해 자신의 존재를 입증해 보일 수 있다. 다만, 공부만이 자기를 입증해 보이는 것은 아니니 공부 외에도 잘하는 것은 인정하고 칭찬해 주어야 한다.

> **해결 TIP**
>
> 생존의 영역 수준을 조금 낮추고 행복의 영역 수준을 높이는 지혜가 필요하다. 최소한의 생계를 위한 수입이 있다면 가족과 함께 하는 시간(time together)에 투자하라. 돈은 뒤에 벌 수 있지만 행복의 시간은 지나가면 다시 오지 않는다.

## 호기심과 자발성을
## 빼앗겼다

　전 세계를 통틀어 자녀 교육에 대한 열성을 비교하자면 1~2위를 다투는 국민이 유대인과 한국인이다. 다만 가장 큰 차이는 한국인은 교육의 주체가 학교이고 부모는 교육자가 아니라 생각하지만, 유대인은 교육의 주체가 부모이고 학교를 부차적으로 여긴다는 점이다.

　유대인의 질문식 교육법 '하브루타(אחברותה, Chavruta)'는 짝이란 뜻이다. 집에서든 학교에서든 모든 교육은 질문의 방식으로 이뤄지고 질문하는 사람과 대답하는 사람이 서로 짝을 이룬다. 서로를 유익하게 만드는 교육 방법이다. 교육철학 자체가 상생이다. 그러나 한국에 들어온 제도화된 교육은 경쟁이다. 교육 방법 역시 교사 중심의 연역법 교육이다. 학생은 수동적으로 듣고 외우고 시험치고 까먹는 네 단계의 방식으로 공부한다. 그러나 유대인의 교육은 귀납법으로 학생이 중심이며 교사는 안내자와 촉진자 역할을 한다. 이때 교사의 자질 중 가장 큰 변별력은 질문의 수준과 호기심과 자발성을 끌어내는 능력이다.

좋은 질문은 아이들의 호기심을 자극하고 자발성을 끌어낸다. 교육은 피동적이 아니라 능동적 개념이고 학습의 주체는 당연히 학생이다. 그래서 유대인들은 평생 학습인으로 산다. 평생 학습인으로 살면 늘 행복하게 산다. 학습에 따르는 호기심과 자발성이 행복의 요소이기 때문이다. 아무리 나이가 많아도 호기심과 자발성을 가졌다면 영원한 청춘이지만 호기심과 자발성을 잃었다면 이미 늙은이다. 한국에는 이렇게 늙은이가 된 아이들이 압도적으로 많다. 이들의 눈빛은 생기를 잃었거나 분노와 광기가 어려 있다. 생기를 잃은 쪽은 무기력의 늪에 빠져서 허우적대고 분노와 광기가 어린 쪽은 누구든 건드리면 죽여버리겠다고 광분해 있다. 늘 화가 나 있고 입은 닷 발이나 나와 있다. 학생들의 대화가 욕으로 시작해서 욕으로 끝나는 것을 보면 알 수 있다. 도대체 누가 그들을 화나게 했고 무엇이 그들을 화나게 할까? 그건 인간이 가진 행복한 자극 중 하나인 공부를 가장 혐오스러운 자극으로 만든 것에 대한 분노다.

"배우고 때때로 그것을 익히면 또한 기쁘지 아니한가? 친구가 먼 곳으로부터 찾아온다면 또한 즐겁지 아니한가? 남들이 알아주지 않더라도 성내지 않는다면 또한 군자답지 아니한가?"

공자가 〈학이(學而)〉편에서 표현한 자신의 행복론이다. 그러나 안타깝게도 호기심과 자발성이 빠진 학교는 지루함의 연속이요 가장 혐오스러운 공간으로 전락하였다. 그 피해자는 1차로 아이들이고 2차로 교사들이다.

**해결 TIP** | 부모는 호기심과 자발성을 끌어내는 하브루타 질문법을 배워라. 시중엔 유대인의 질문식 학습법인 하브루타에 대한 책이 많이 나와 있다. 조금만 배워도 써먹을 수 있다. 학습 의욕을 고취하는 방법으로도 좋고 아이의 행동수정을 위한 방식으로도 탁월하다.

## 생각하는 기능을
## 빼앗겼다

이것은 제도화된 교육에서 단답형 교육을 받았기 때문이다. 예를 들어, 산수에서 5+3=□ 란 문제에 8이라고 답하면 공부 잘하는 아이로 인정되었다. 이것의 응용문제는 8-3=□라는 수식이었다. 그런데 이런 문제는 생각하게 만드는 문항이 아니다. 질문을 바꾸어 □+△=8 을 제시했을 때는 어떨까? 나올 수 있는 경우의 수는 무한대가 된다. 여기서는 각자의 답이 다 정답이다. 아이들은 자기만의 방식으로 정답을 제시할 수 있다. 정답이 하나만 존재하지 않으니 남의 정답도 인정하고 세상에 다양한 관점이 존재한다는 것을 동시에 배운다. 우리의 교육에선 후자를 묻지 않는다. 그래서 아이들의 사고방식, 말투, 옷 입는 것, 세상을 보는 시각 등이 다 획일적이다. 자기 생각, 자기 의견을 표현할 줄 모르고 어른이나 아이 할 것 없이 묻지 않는다.

또, 인터넷의 발달과 과도한 스마트폰 사용은 생각하는 기능을 약화시킨다. 이것은 이미 세계적인 경영컨설턴트이자 IT 미래학자인 니콜라스 카의 베스트셀러《생각하지 않는 사람들》을 통해 알려졌다. 즉 인류가 인터넷이 주는 풍요로움을 즐기는 동안 '생각하는 능력'을 잃어가고 있다고 말한다. 그는 "인류의 사고능력은 기술 혁명의 희생양이 되었다."며 인터넷이 인간의 뇌에 미친 영향에 대한 깊이 있는 연구 결과와 우리를 프로그램화하는 거대 소셜미디어 기업에 대하여 폭로한다.

저자가 말하고 있듯 요즘 아이들은 생각하기를 싫어하고 생각이 짧다. 어떤 행동을 한 뒤 그 행동이 어떤 결과를 초래할지 심사숙고 하지 않는다. 그저 반사적이고 자기중심적인 감정분출을 한다. 자기감정이 시키는 대로 한다. 여기에 사회의 분위기는 아이들의 감정표출에 대해 면죄부를 너무 쉽게 부여하고 있다. 그러나 최성애 교수도《감정코칭》에서 감정을 무조건 다 받아주라고 말하지는 않는다. 감정을 충분히 표현하게 하는 것은 스스로 감정의 주체가 되고 더 나은 행동을 선택하도록 하기 위함이다.

생각하는 기능을 상실하면 단순하고 무식하다. 교양이 없어 사람으로서의 품격이 없고 말과 행동이 천박해진다. 첨단 디지털 기기로 온몸을 치장하고 다닐지라도 생각하는 기능은 별개의 문제다. 첨단 디지털 기기도 생각하는 기능의 차이에 따라 그 결과가 다르다. 챗GPT를 활용할 때 질문의 수준이 달라야 산출 결과도 다르다. 질문의 수준과 결과의 수준은 정비례한다.

생각하는 기능은 학교가 키워주지 않는다. 오롯이 부모의 몫이다. 독서와 글쓰기는 아주 탁월한 방법이다. 부모는 아이들에게 질문하라. 그래서 교양을 키우고 예의를 배게 하여 정신적 척추를 튼튼하게 세워라. 아이들에게 질문을 할 때는 의문사를 사용하여 구체화하는 것이 좋다. 언제, 어디서, 누가, 무엇을, 어떻게, 왜라는 여섯 가지 원칙은 기자들만의 전유물이 아니라 일반인에게도 아주 유용하다.

"언제 그런 일이 있었어?"

"어디에서 그런 일이 있었어?"

"그 사고 유발자는 누구였어?"

"그 사고로 입은 손해가 얼마래?"

"어쩌다가 그런 사고가 났대?"

"왜 그랬대?"

**해결 TIP** 생활 속의 모든 것에 질문을 던져보아라. 예를 들어, 머그 하나를 보더라도 질문을 계속 던져라. 이 머그는 왜 손잡이가 달려있을까? 왜 윗부분이 아래쪽 보다 넓게 만들어졌을까? 왜 바깥은 진한 색으로 했는데 안쪽은 흰색으로 했을까? 왜 머그는 대체로 사기로 만들까? 머그라는 말의 기원은 어디에서 시작되었을까? 미국 사람들은 그냥 머그라고 부르는데 왜 우리는 머크컵, 또는 머그잔이라고 부를까?

# 알파세대, MZ세대라는 마패를 얻었다

알파세대(Generation Alpha)는 2010년부터 2024년 사이에 태어난 세대를 지칭하는 용어로, 호주의 사회학자 마크 맥크린들(Mark McCrindle)이 처음 사용한 개념이며, 밀레니얼 세대(1981~1996년생)의 자녀 세대이다. 태어날 때부터 스마트폰, 태블릿, AI 스피커 등과 함께 살고 기술 친화적인 환경에서 성장하여 종이책보다 태블릿, 유튜브, 디지털 콘텐츠에 익숙하다. 인공지능(AI), 로봇, 메타버스 등의 기술이 생활의 일부로 자리 잡았고 교육과 놀이도 디지털화되었다. 알고리즘을 활용한 맞춤형 콘텐츠(예: 넷플릭스, 유튜브 키즈) 소비 증가, 개개인의 관심사와 성향에 맞춘 학습 및 엔터테인먼트를 경험한다. 부모의 영향을 받아 환경 보호, 다양성 존중 등의 가치에 관심이 많고 윤리적 소비(친환경 제품, 지속가능성)에 대한 개념을 어릴 때부터 접하였다. 이들은 전통적 교육 방식보다 창의적, 자기주도적 학습을 선호한다. 유튜브, 온라인 강의, AR·VR 기반 교육 콘텐츠 활용이 증가하여 정해진 틀보다는 탐구 기반 학습(Problem-based learning, PBL)에 익숙하다. 이 세대는 앞으로 2030년대 이후 본격적인 사회 활동을 시작할 예정이며, AI, 자동화, 기후 변화 등의 도전에 직면한 첫 번째 세대가 될 가능성이 크다.

MZ세대(MZ generation)는 1981년부터 1996년생까지를 일컫는 밀레니얼(M) 세대와 1997년부터 2012년 사이에 태어난 세대(Z)를 말한다. 통계청에 따르면 MZ세대는 2019년 기준 약 1,700만 명으로 인구의 약 34%를 차지한다. MZ세대는 디지털 환경에 익숙하고, 트렌드에 민감하며 이색적인 경험을 추구한다. 특히 SNS 활용에 능숙한 MZ세대는 유통시장에 강력한 영향력을 발휘하고 있다(에듀윌 시사 상식). MZ세대는 학술적이 아니라 기업의 마케팅 및 언론을 통해 무분별하게 사용되는 용어이다.

다만, 우리 사회는 알파세대나 MZ세대라는 말에도 너무 쉽게 면죄를 부여한다. "MZ세대는 디지털에 익숙하고, 자기주장이 강하며, 새로운 가치를 추구한다."라는 표현은 긍정적이지만 이 말을 반대 측면에서 보면 "MZ세대는 디지털만 익숙하여 아날로그 요소가 부족하고 남의 말을 경청하지 않으며 기존의 가치를 무시한다."라는 뜻도 된다. 또한 MZ세대 스스로가 "우리는 MZ세대라서 그런 것 몰라도 돼."라는 명분을 내세우는 데 이것은 합리화와 회피라는 심리적 방어기제에 해당한다.

MZ세대가 어른들의 언어유희를 아재 개그라고 깎아내리는 이유도 일종의 합리화일 수 있다. 인류 역사에서 언어유희는 지식인들의 고급 놀이였다. 고대 그리스의 철학자, 중세 유럽의 문학가, 동양의 시인들도 언어유희를 즐겼으며, 현대에서도 문학, 광고카피에서 창의력과 교양을 드러내는 중요한 요소이다. 특히, 아재 개그는 본래 풍부한 어휘력과 언어순발력을 요구한다. 그런데 디지털 시대에 태어나 짧고 즉각적인 콘텐츠를 접한 MZ세대는 복잡한 언어유희를 이해하지 못하니 아재 개그라고 깎아내린다. 정작 자신들도 온갖 신조어를 만들어 언어유희를 즐기면서 말이다. 그 언어유희가 기성세대와 다르다는 것을 과시하는 것이지만 그 또한 "난 달라"를 말하는 자기 합리화의 연장이다.

**해결 TIP** 알파세대, MZ세대라고 해서 그 모든 특성이 다 당연한 건 아니다. 단, 어른 세대가 알파세대와 MZ세대를 이해하려 하고 알파세대와 MZ세대는 어른 세대를 이해하려고 하면 피차 가까워질 것이다. 부모 세대는 디지털 다루는 기술을 익힐 필요가 있다.

# 자기 통제력 부족으로
# 참지 못한다

✕

　자기 통제력은 자기를 조절할 수 있는 능력이다. 하기 싫어도 해야 할 일은 하는 것이고 하고 싶어도 하지 말아야 할 일은 하지 않는 의지력이다. 자기 통제력은 인격의 평가 기준이다. 자기 통제력이 잘 형성된 사람은 성숙하고 진중한 사람이지만 자기 통제력이 형편없는 사람은 미숙하고 천박한 사람이다.

　자기 통제력은 금지와 유보를 통해서 형성된다. 금지는 즉각적 충동 억제를, 유보는 장기적 만족 추구를 학습하게 하여 자기 통제력을 키우는 데 효과적이다. 그래서 금지와 유보 없이 너무 많은 허용을 받고 자란 사람은 자기 통제력이 제대로 형성되지 않는다. 물론, 너무 많은 거절을 받은 사람도 어떤 일을 시도하고자 하는 열의, 일을 보고 덤벼드는 호기를 잃을 위험이 있다. 너무 큰 좌절은 절망하게 하지만 너무 많은 허용은 자기 통제력 생성을 가로막는다.

요즘 자녀들에게서 그릿(Grit)과 자기 통제력이 부족한 것은 너무 많은 권리, 너무 많은 선택, 너무 많은 혜택을 부여받은 역반응이다. Grit은 심리학자 앤젤라 더크워스(Angela Duckworth)가 제시한 개념으로, 열정과 끈기를 바탕으로 장기적인 목표를 지속해서 추구하는 성격적 특성을 말한다. 그녀의 연구에 따르면, Grit은 학업, 직업, 스포츠 등 다양한 분야에서 성공을 예측하는 중요한 요소로 나타났는데, 지능(IQ)보다 성공에 더 중요한 요소로 강조되며, 꾸준한 노력과 열정이 성취에 결정적인 영향을 미쳤다.

> **해결 TIP**  사춘기 자녀라 할지라도 되는 것은 확실하게 Yes, 안 되는 것은 무슨 일이 있어도 No라고 하라. 그게 부모의 기준과 원칙이요 일관성이다. 부모 유형 중에 일관성이 없는 부모가 가장 최악이다.

# 회피하거나
# 지레 포기한다

김현수의 《무기력의 비밀》에서는 아이들이 게임에 빠지거나 웹툰, 예능 프로그램 시청을 통해 시간을 죽이고 자기 존재를 죽이면서 정신적 고통을 피한다고 설명한다. 특히 게임에 빠지는 것은 게임에 몰두하고 있는 동안만큼은 다른 생각이 주는 고통을 느끼지 않을 수 있어 현실을 잊거나 불안을 가라앉히는 데 꽤 효과적이기 때문이라고 말한다. 아이들이 고통을 회피하는 이유도 어렸을 때부터 가정에서 적당한 책임과 적절한 고통을 경험하지 않고 자랐기 때문이라고 설명한다.

사춘기 자녀나 청년세대의 모습 중에 가장 안타까운 것이 쉽게 포기하는 모습이다. "이번 생은 끝났어.", "나 같은 게 뭘 어쩌라고…", "아무리 해도 난 안 돼.", "난 공부해도 안 돼."라며 자신을 스스로 포기한다. 포기하는 청년이 늘고 아이들의 눈빛에서 호기가 사라진 것을 보는 것만큼 안타까운 일이 없다. 그런 부분에서는 그냥 미안해진다. 아무리 노력해도 안 되는 일, 빈부의 격차, 직장의 급여를 고스란히 다 모아도 내 집 장만하기 어려운 현실, 돈이 돈으로 여겨지지 않는 상대적 박탈감 등이 그들을 포기하게 했다면 미안한 일 맞다. 그건 아이들이 초래한 문제가 아니라 나라의 문제요 사회의 문제니, 그들은 희생자에 해당한다.

무기력을 영어로는 helpless라고 한다. 도움을 받을 수 없는 상태, 희망이 전혀 없는 상태라는 뜻이라 무망감(無望感)이라고도 한다. 그런 면에서 보면 아이들의 무기력은 자기를 도와달라는 요청이다. 뭘 어떻게 할지 모르니 자기를 좀 이 상황에서 구출해 달라는 S.O.S 신호다. 무기력은 하루아침에 드러나는 증상이 아니다. 이전부터 반복되었던 일이었다. 미국 펜실베이니아 대학의 심리학과 교수인 마틴 셀리그먼은 이것을 '학습된 무기력'으로 설명했다. '학습된'이라는 단서를 붙였으니 희망적인 사실은 학습을 통해서 낙관성을 가질 수 있다는 의미가 된다. 그는 대안으로 '학습된 낙관주의'라는 개념을 설명하였다.

어떤 문제에 맞닥뜨리면 임기응변의 능력이 있어야 하고 직면하는 용기가 필요하다. 그러나 요즘 아이들은 핵가족으로 구성된 아파트에서 태어나 자랐기 때문에 사람을 만난 경험이 턱없이 부족하다. 동네가 있고 골목이 있을 때는 또래나 혹은 동네 아이들과 어울려서 놀았다. 그런 과정에서 생기는 오해와 갈등을 어떻게든 푸는 방법을 배웠다. 그런데 태어나면서부터 핵가족뿐인 가족환경과 자기 방이 주어졌던 아이들은 더불어 같이 놀기보다 스마트폰 같은 기기를 만지면서 혼자 노는 법만 배우고 익혀 다른 사람과 어울리는 것이 도리어 불편할 수 있다. 사람은 사회적 동물이라 더불어 살아야 훨씬 더 행복하고 훨씬 더 큰 시너지 효과를 낸다. 더불어 살려면 각양각색의 사람과 맞추는 법을 배워야 한다. 그러지 못하면 다른 사람과 갈등이 생긴다. 갈등을 푸는 법을 모르면 갈등 상황 자체가 힘겨워 관계 자체를 단절하는 방법을 택한다. 다른 문제도 그런 방식으로 직면하지 않고 회피한다.

**해결 TIP** 회피하거나 쉽게 포기한다고 타박하기 전에 그럴 수밖에 없는 아이의 상황을 이해하고 받아주어라. 그 후엔 지금 당장 할 수 있는 지극히 작은 일 하나부터 시작하라. 소소한 집안일도 좋다. 그렇게 해서 무대를 조금씩 넓혀라.

# 기본 예의가
# 부족하다

　미국 컬럼비아 대학 MBA 과정에 있는 최고경영자(CEO)들을 대상으로 설문조사를 했다. "당신이 성공하는 데 가장 큰 영향을 주었던 요인은 무엇인가?"라는 질문에 대한 답변의 압도적인 1위는 대인관계와 매너였다. 응답자의 93%는 타인을 배려하고 다양한 의견을 경청할 수 있는 성숙한 인격과 매너가 가장 중요하다고 답했다.

　예의라는 개념은 수직적 개념이다. 가까이는 가족 중 부모님이나 어른들에게 예의를 갖추어야 하고 형제들끼리도 예의를 갖추어야 한다. 집 밖을 나가면 다른 사람들에게도 예의를 갖추어야 하고 가까운 친구 사이라도 예의를 갖추어야 한다. 예의는 사람에 대한 기본 존중과 건강한 경계선을 설정하는 방법이다. 예의라는 가치는 인간이 살고 있는 한 어느 사회, 어느 문화권에서든지 가장 우선되는 인성의 조건이다. 그 어느 곳에서도 무례한 사람을 인정해 주거나 쓰지 않는다. 반대로 예의 바른 사람은 호감을 얻고 쓰임 받는 주체가 될 수 있다.

그래서인지 아이들이 친가나 외가 어른들을 만날 때에도 인사법을 모르는 경우가 대다수다. 인사법을 모르는 것은 부모가 가르치지 않아서다. 인사해야 한다는 것은 가르치는데 어떤 상황에 누구에게 어떻게 인사하는지는 가르치지 않는다. 때와 장소에 맞는 적절한 인사는 그 사람의 품격을 높인다. 기업이나 병원, 항공사나 공공기관에서 CS교육을 하는 이유도 여기에 있다.

> **해결 TIP**
>
> 옛날 서당에서는 천자문을 떼고 나면 곧바로 〈소학〉을 가르쳤다. 소학은 사람이 가져야 할 기본 예의에 대한 내용이다. 조선시대에는 『소학(小學)』과 함께 〈4자소학〉이 초등 교육 과정의 필수 교재로 사용되었다. 현대판으로 나온 책, 만화책도 있으니 자녀들과 〈4자소학〉을 같이 공부해 보자.

# 풍요의 저주에
# 걸렸다

✕

    한국은 더 이상 가난한 나라가 아니다. 절대 가난을 해결한 지 꽤 오래되었다. 각종 건물이나 아파트, 길에 다니는 자동차를 보면 세계 어느 나라의 도시와 견주어도 부족하지 않다. 오히려 더 화려하고 더 깨끗하고 더 고급이다. 물질적인 부분에선 가히 세계 최고 수준에 있다고 해도 과언 아니다. 다만, 물질적 풍요를 가졌다면 그와 균형을 맞춘 정신적 풍요를 가져야 하는데 한국인의 삶은 불균형이다.
    아이들에게서 고맙다는 표현을 들어본 적이 언제인가? 아마 어린이집이나 유치원, 초등 저학년 나이에 어버이날 고사리손으로 접은 카드에 삐뚤빼뚤 쓴 "엄마, 아빠 고맙습니다.", "엄마 아빠 사랑해."가 기억날 것이다. 초등 고학년이 되면 그런 부분은 어느새 사라지고 입이 닷 발이나 나온 표정을 지으면서 말도 퉁명스럽게 하고 모든 것에 불평하고 있을 것이다.

이것은 풍요의 저주다. 풍요의 저주 혹은 2만 불의 저주란 국가가 일정 수준의 경제적 풍요에 도달했을 때, 사회적, 정치적, 또는 경제적 문제로 인해 지속적인 발전이 정체되거나 후퇴하는 현상을 말한다. 이 개념은 주로 개발도상국이 중진국 단계(1인당 GDP 약 2만 달러)에 도달한 후 겪는 문제를 설명할 때 사용된다. 한국도 1인당 GDP가 2만~3만 달러에 도달한 이후 고령화, 저출산, 사회적 갈등 등의 문제가 대두되고 있다.

풍요의 저주는 절박성을 앗아간다. 지극히 개인적인 생각이지만 동남아 사람에게는 없는 절박성이 한국 사람에게 있는 것은 기후와 환경 때문이다. 거기는 굶어 죽거나 얼어 죽는 사람이 없다. 열대기후 혹은 아열대 기후라 일 년 내내 과일을 비롯한 먹을거리를 구할 수 있고 아무 데서나 잠을 자도 얼어 죽지 않는다. 그러니 아등바등 애쓸 필요가 없다. 좋게 말하면 여유가 넘치는 것이고 나쁘게 말하면 게을러터진 것이다. 그러나 한국은 4계절이 뚜렷해서 미리 준비하지 않으면 굶어 죽고 얼어 죽는다. 그 절박함이 강한 생활력으로 드러난다. 그런 까닭에 한국인은 세계 어느 나라에 가더라도 적응을 잘한다. 디아스포라 인구가 700만에 육박하는 것도 그런 이유에서다.

너무 많은 풍요는 그런 절박성을 잃게 만든다. 지금의 한국은 풍요로움이 극에 달했다. 주거환경, 음식, 자동차, 도로, 인터넷, 문화… 어느 영역을 보든 세계 최고의 수준이다. 그 속에서 태어나 자란 아이들에겐 당연한 일일지 몰라도 부모 세대에게는 당연한 일이 아니었다. 절박함을 통해 만들어진 풍요라 그 절박함이 없어지면 언제 사라질지 모르는 위험한 풍요이다. 풍요로움 속에 살아온 아이들이 지금의 풍요로움이 풍요인 것을 못 느끼는 것이 풍요의 저주다.

**해결 TIP** 풍요의 저주를 끊는 방법은 지금 누리고 있는 풍요가 얼마나 큰 풍요로움인지를 깨닫는 것이다. 제3국의 가난한 나라나 국내에서 봉사활동을 하게 하라.

# 문해력이 부족하다

문해력(文解力)의 사전 정의는 글을 읽고 이해하는 능력이다. 얼핏 들으면 문맹을 생각하기 쉽다. 요즘 아이들은 학교 가기 이전에 한글을 다 떼고 영어유치원을 다니는 등, 웬 만큼의 영어도 한다는데 글을 읽고 이해하는 능력이 부족할 리 없다. 그런데 읽기는 읽는데 그 뜻을 모르는 경우가 많다. 습득한 어휘의 양이 턱없이 부족하고 언어의 뉘앙스를 잘 모른다. 나이에 맞는 기본적인 어휘를 갖춰야 하는데 한국인으로 살면서 한국어도 제대로 모르는 아이러니가 생기는 것이다.

문해력 결핍은 어떤 면에서 지남력의 결핍과 오히려 뜻이 더 가깝다. 지남력(指南力)이란 시간과 장소, 상황이나 환경 따위를 올바로 인식하는 능력을 말한다. 앞에서도 언급한 순우리말 '드레'와 비슷하다.

공부를 잘하고 못하고는 학습 능력에 해당한다. 세상을 보는 눈이나 기본적인 지식과 교양, 일 처리 방법이나 처신 방법, 기본적인 예의와 존중은 세상을 살아가는 능력으로 '드레'와 '지남력'이다. 그런 것은 당연히 배웠어야 하는데 배울 수 없었다. 그 이유는 앞에서 설명했듯 핵가족과 아파트 주거 형태로 인한 가족 체계의 변화와 인터넷과 미디어의 조기 접촉, 학교 제도와 사회 풍조가 가져온 참사다.

드레와 지남력의 부족을 만든 주범은 미디어이다. 갓난아기나 유아에게 미디어를 쥐여 주는 것은 아이의 뇌를 면도칼로 난도질하는 것과 같은 행위다. 백지 같은 아이의 두뇌에 미디어를 통해 한 번 각인된 것은 쉽게 사라지지 않는다. 미디어는 미디어를 선택할 줄 알고 절제할 수 있는 수준 즉 비평할 수 있는 수준이 되었을 때 누려야 한다. 무분별하고 과도한 미디어 접촉은 문해력(Literacy)을 형성하지 못하게 한다.

**해결 TIP** 문해력을 키우는 가장 좋은 방법은 예나 지금이나 독서다. 독서의 유용성에 대해선 이미 충분히 알고 있을 것이다. 책을 읽는 자녀로 키우는 것은 가장 현명한 부모의 교육이다.

## 쉽게 되는 줄로 생각한다

아이들은 뭐든 쉽게 되는 줄로 생각하는 경향이 있다. 필자의 집에 동네 아이들이 기타를 배우러 온 적이 있었다. 몇 명은 조금씩 진전이 보이는데 다른 몇 명은 쉽게 포기했다. 포기의 이유 중 하나는 아주 쉽게 생각하는 것 때문이었다. 기타를 배우기 시작하면 이내 탁월한 연주자, 노래 반주를 능숙하게 하는 실력을 갖출 것이라 여긴다. 간간이 유튜브에 나오는 그런 동영상 들을 보면서 자기도 시작만 하면 그렇게 될 것이라고 믿는다.

세상에 쉽게 되는 일이란 없다. 연주곡 하나를 익히려면 수많은 좌절감을 마주해야 한다. 자신의 부족함을 인정하고 연습하고 또 연습해야 어느 정도 궤도에 오를 수 있다는 것을 알아야 한다. 최소한 기타를 배워 남들과의 모임에서 혼자든 여럿이든 노래를 부르려면 어느 정도의 실력이 있어야 한다. 그 레벨에 오르기까지는 우직한 노력이 필요한데 아이들은 그냥 쉽게 되는 줄 안다. 어떻게 보면 미디어를 보고 자란 아이들이라 거의 세뇌되지 않았을까? 그런 미디어 속 주인공은 시작만 하면 멋진 연주자가 되거나 애초부터 탁월한 연주자니까. 누구도 그 정도의 실력을 갖추기까지의 험난한 과정을 말해주지 않는다. 혹 과정을 말해주더라도 아주 짧게 다룬다.

'1만 시간의 법칙', 'Grit'이라든지 '우공이산(愚公移山)', '마부작침(磨斧作針)'과 같은 고사성어들은 무슨 일이든 열망과 오랜 시간이 필요하다는 것을 말해주고 있다. 그 시간을 우직하게 보낸 사람이라야 어느 정도의 실력을 갖출 수 있다. 악기를 배우든 다른 기술을 배우든 무엇이든 마찬가지다.

**해결 TIP** 아이들이 악기를 배운다고 할 때 덜컥 악기부터 사 주고 학원 등록시키지 말라. 얼마나 관심을 보이는가를 지켜보아라. 또 일단 학원 등록하면 일정 기간은 무슨 일이 있어도 다녀야 한다고 약속받아라. 우직하게 가야 한다. 타고난 재능도 중요하지만 동시에 우직하게 버티는 힘도 중요하다.

# 시간 개념이 없다

사람은 누구에게나 하루 24시간이 주어진다. 그 시간을 어떻게 활용하는가는 각자의 몫이요 그에 따라 인생이 달라진다. 성공한 사람, 행복한 사람치고 시간 관리 못하는 사람은 없다. 그런 부분에서 요즘 아이들은 시간에 대한 개념이 턱 없이 부족하다. 시간을 아껴야 한다는 개념도 잘 모르고 그저 하릴없이 시간을 보낸다. 게임을 하거나 스마트폰을 만지작거리는 시간이 하루 중에 절대 우위를 차지하고 있다면 아주 심각한 일이다.

학생 때는 자기 인생을 준비하는 기간으로 기초학력, 문해력, Grit, 통합적 사고, 임기응변, 문제해결력, 행복하게 사는 법을 배운다. 그런 준비 기간에 게임만 하거나 스마트폰만 만지작거렸다면 독립할 시기가 되었을 때 할 수 있는 일이란 아무것도 없다.

시간을 효율적으로 쓰는 능력도 부족하다. 중고생 학생들이 시험기간이 되면 다들 시험공부를 한다. 주어진 시간은 똑같다. 그런데 성적을 못 내는 학생은 그냥 막연하게 공부하고 성적이 높은 아이는 피드백을 하면서 공부한다. 즉, 자신이 알고 있는 부분과 모르는 부분을 구분하고 모르는 부분에 집중한다. 반면 계획 없이 공부하는 아이는 그냥 책만 펴고 읽는다. 이미 알고 있는 것도 하릴없이 또 본다. 시간낭비다. 그래서 나름 공부한 시간이 많으니 시험 준비를 잘한 것 같은 느낌이 들지만 막상 시험지를 받아보면 헷갈리는 것 투성이다.

언젠가 필자가 대학에서 강의할 때 학생들에게 이민우의 《1%만 바꿔도 인생이 달라진다》는 책에 나오는 '시간 쪼개기'를 과제로 낸 적이 있었다. 딱 하루를 정해서 아침부터 잠자리에 들 때까지의 시간 흐름을 10분 단위로 적어보게 하는 것이었다.

눈 뜨자마자 멍하게 있던 시간-5분

눈 뜨자마자 폰 확인하는 시간-10분

양치하고 세수하는 시간-15분

배변하는 시간-15분(휴대폰 지참)

지하철 기다리는 시간 -7분

식당에서 밥 나오기까지-15분

…

이런 식으로 하루 일정을 10분 단위로 쪼개서 적는 숙제인데 그렇게 해서 학생들로 하여금 하루를 어떻게 보내는지, 알차게 보낸 시간과 특히 허투루 보내는 시간이 얼마나 많은지를 깨닫게 하려는 의도였다. 학생들은 이 작업을 통해서 공통으로 허투루 보내는 시간이 너무 많았다고 했다. 그때 필자는 강의를 위해 거의 2시간이 되는 이동 시간(전철+셔틀버스)에 독서한 분량을 보여주었다.

**해결 TIP**

시간 관리에 대한 교육은 학교에서 시켜주지 않는다. 오롯이 부모가 해야 할 교육이다. 일방적인 훈계보다 가족이 함께 하루 시간을 정하고 '시간쪼개기'를 시행해 보아라. 각자의 시간 쪼개기를 비교하면서 알차게 보낸 시간과 허투루 보낸 시간이 얼마나 되는지 눈으로 확인하게 하라. 구체적인 데이터를 제시해야 교육의 효과가 생긴다.

## 멘토를 갈망한다

한국의 아이들은 부모의 공급자(Supplier) 기능과 보호자(Protector) 기능은 어느 정도 제공받지만, 사춘기에 필요한 안내자(Guider) 기능과 교육자(Instructor) 기능은 거의 제공받지 못한다. 성장 과정에서 크고 작은 문제를 만날 때, 부모와의 대화를 통해 문제의 이유와 해결법을 배웠어야 했는데 그러지 못했다. 그래서 아이들은 작은 문제에도 무엇을 어떻게 해야 할지 몰라 우왕좌왕하거나 망연자실한 채 넋 놓고 있는 경우가 많다.

교사는 교사대로 난감하다. 교사로서의 사명감을 가지고 자기 반 아이들을 관심과 사랑으로 대하고 싶어도 그 관심과 사랑 때문에 도리어 곤욕을 겪을 때가 많다. 일부 부모들의 과잉 간섭, 심리적 갑질을 당하기 때문이다. 먹을 것을 사 주면 그딴 음식으로 탈이라도 나면 어떡하냐고 하고, 과제를 많이 주면 아이들이 학원 숙제까지 어떻게 하냐고 하고, 아무 과제도 안 주면 교육을 하긴 하는 거냐고 하고, 아이를 꾸중하면 자기 아이 기죽인다고 하니 뭘 해도 잘못한 사람이 되기에 아예 아무것도 시도하지 않는 게 제일 좋은 교사가 된다는 안타까운 현실이다.

언젠가 싸가지 코칭을 완결한 어떤 어머니가 자기 아들을 꼭 한 번 만나달라는 부탁을 했다. 꼭 상담이 아니어도 되고 그냥 자기 아이를 꼭 필자와 만나게 해 주고 싶은 마음이 들었다고 했다. 그래도 부모로서 뭔가 바라는 것을 말해보라 했더니 아이가 게임을 좀 과하게 한다는 것이었다. 아이는 현재 게임 세계에서 꽤 알려진 존재라고 했다. 아이는 얼굴이 희고 음성도 차분하고 몸에 기본 예의가 배어 있었다.

"너 게임 세계에서 레벨이 높다고 들었는데 맞니?"

"네."

"정말 대단해. 그 정도 레벨에 오르려면 시간도 투자해야 하고 머리도 써야 해서 단순히 게임 좋아한다고만 되는 건 아닐 텐데 말이야."

"맞아요. 그렇긴 한데, 하고 나면 늘 마음이 찝찝해요. 엄마가 가끔 꾸중도 하시는데 안 해야겠다는 마음을 먹긴 하지만 잘 안 돼요."

"쉽지 않겠지. 네 말은 너도 뭔가 다른 방향, 게임을 줄이든지 끊겠다는 생각은 했다는 말이네?"

"네. 게임할 때는 모르는데 마치면 괜히 화가 나고 시간 아깝다는 생각도 들고 중독이 아닌지 걱정되기도 해요."

"그런 생각까지 했다니 아주 기특한 걸? 그런데 말이야. 게임은 왜 할까?"

"재미있으니까요."

"그래 맞아. 재미도 없는 걸 굳이 할 필요는 없지. 재미 외에도 또 다른 이유가 있다면?"

아이가 대답을 못하고 머뭇거렸다.

"레벨, 즉 난도 때문이야. 네가 게임을 열심히 해서 레벨이 높아지고 그 덕분에 게임 세계에서 나름 유명해졌잖아? 그 레벨에 오르기까지의 너의 수고와 인내, 실력은 인정할 만해. 정말 대단해."

아이는 어깨를 으쓱였다.

"그런데 게임 후의 느낌은 괜히 화가 나고 허전하다고 했지?"

"네. 맞아요. 늘 안 해야겠다, 줄여야겠다는 생각을 하지만 막상 게임을 시작하면 그게 안 돼요."

"쉽지 않지. 어쨌든 네가 그런 생각을 한다는 건 기특하지. 그런데 말이야, 게임은 재미와 난도가 있는데 결과는 부정적이잖아? 똑같이 재미도 있고 난도도 있는데 결과가 긍정적인 게 있다면? 어때, 해 볼 용의 있어? 네가 그것을 하면 남들의 인정도 받고 엄마는 무한칭찬에 박수를 보낼 것이고 나중에 어떤 직업을 갖든 네 삶에 플러스가 되고 심지어 그것으로 직업이 되는 경우도 있어."

"그런 게 있어요? 그런 게 있다면 얼마든지 하죠."

"그것을 몰입(flow)이라고 해. 재미도 있고 난도까지 있는데 결과가 부정적이면 중독이고, 똑같이 재미도 있고 난도까지 있는데 결과가 긍정적이면 몰입이라고 해."

"아! 그럼 몰입할 수 있는 거엔 뭐가 있어요?"

그때 필자는 클래식 기타의 대표 연주곡 〈사랑의 로망스〉와 〈알함브라궁전의 추억〉을 연주해 줬다. 라이브로 듣는 연주에 아이는 눈이 휘둥그레졌다.

"이 기타는 재미도 있고 난도가 있는데 결과는 긍정적이야. 나는 내가 좋아하는 연주곡을 언제든 직접 연주할 수 있어. 그리고 강연 때 기타를 꼭 지참해. 강연하기 전이나 중간에 연주나 노래를 들려주면, 사람들이 감동하지. 나에게 기타는 아주 중요한 존재야."

"저도 기타 할 수 있을까요?"

"그럼, 누구든, 언제든 할 수 있지."

그렇게 만남을 마친 며칠 후 그 엄마에게서 아이가 기타를 배우고 싶어 한다고 연락이 왔다. 그래서 바로 구입하지 말고 당근마켓에서 저렴한 기타를 구해서 주라고 했다. 그랬더니 아이가 교재를 사고 유튜브를 통해서 기타를 익히기 시작했고 그렇게 기타를 시작한 지 한 달이 지났을 때 게임을 끊었다. 놀란 것은 그 엄마였다. 나와 통화하면서 이렇게 말했다.

"도대체 선생님이 뭐라고 하셨길래 아이가 게임을 끊었을까요? 진짜 신기해요. 제가 몇 년째 잔소리를 해도 못 끊던 게임이었는데요."

그래 놓고 그 엄마는 또 다른 걱정을 했다.

"얘 기타 실력이 나날이 늘고 있어요. 저러다 공부 안 하고 기타만 잡고 있으면 어쩌지요?"

"그게 또 걱정인가요? 행복한 고민 아닌가요? 옛날에는 기타 칠 시간에 공부하라는 식이었지만 요즘은 다릅니다. 기타 잘 다루는 아이가 공부도 잘하고, 공부 잘하는 아이가 예체능도 다 잘합니다. 연예인들 보십시오. 가수로 출발했던 사람이 배우가 되고 배우가 어느 날 가수가 되기도 하고, 어느 분야든 다 넘나들면서 유능하게 하는 사람이 되잖아요? 더구나 미래는 크로스오버, 융합의 시대이기 때문에 아드님이 기타 치는 건 플러스가 되었으면 되었지, 마이너스가 되진 않을 겁니다."

**해결 TIP** 요즘 부모는 멘토가 될 자격이 충분하다. 부모가 할 수 있는 멘토링의 효과적인 기술은 크게 두 가지다. 하나는 공감의 기술이고 또 다른 하나는 질문의 기술이다. 부모가 공감(Empathy)의 기술을 잘 활용하면, 사춘기 자녀가 정서적으로 안정되고 상호 신뢰를 형성할 수 있다. 질문(Questioning)의 기술을 잘 활용하면, 사춘기 자녀가 스스로 답을 찾으며 성장할 수 있도록 유도할 수 있다.

# 2장
# 사춘기 자녀 부모 진단하기

사춘기 자녀를 둔 부모는 엄마와 아빠에서 어머니와 아버지의 역할로 전환해야 한다. 엄마와 아빠가 자녀의 인격을 형성하는 부모 역할이라면, 어머니와 아버지는 자녀의 인생을 결정하는 부모 역할이다. 요즘 부모들은 자녀에 대한 지식이 엄청 많다. 그러나 그 지식은 대부분 영유아와 어린 자녀에 대한 것들이다. 사춘기 자녀를 대할 때는 그 기본 지식을 바탕에 두되 다른 방식으로 접근해야 한다. 부모가 먼저 자가진단을 통해 잘하고 있는 부분과 전환하거나 보완해야 할 부분을 살펴보자.

# 사춘기를
# 잘못 이해했다

사춘기(思春期, adolescence)란, 2차 성장, 즉 성인이 되어가는 과정이다. 중국에서는 청춘기라고 한다. 사춘기에 일어나는 변화는 아동기를 벗어나 성인의 정신과 신체를 갖추어나가는 과정이다(나무 위키).

사춘기에 관한 한 한국 부모는 너무 쉽게 면죄부를 발급한다. "우리 애가 사춘기인가 봐요.", "질풍노도의 시기 아닌가요?", "그저 태풍 지나가기만을 기다리고 있어요.", "언제부터인가 아이가 무서워요.", "GR 총량의 법칙이 있다는데 지금 하는 저 GR을 다 해야 끝나는 거 아닌가요?", "김정은이 함부로 못 내려오는 이유가 무서운 중2 때문이라는데 그런 애를 어떻게 이길 수 있어요?"와 같은 말은 사춘기 자녀에게 발급한 면죄부다. 이 면죄부 때문에 그릇된 언행을 해도 용납되고 여간해선 단죄받지 않는다. 단죄받지 않으니 그릇된 행동은 암묵적 동의로 처리되고 암묵적 동의로 처리되는 일을 몇 번 경험하면 당연한 듯 대담해지고 빈도와 강도가 높아진다.

자녀가 사춘기가 되었다면 부모는 불안과 걱정이 아니라 춤을 추며 기뻐해야 한다. 왜냐하면 사춘기는 말 그대로 '봄을 생각하는 시기'다. 즉, 부모가 이끌어주는 대로 따라왔던 자녀가 어느 정도 성장해서 스스로 자신을 생각하며 자신의 강점, 성격, 재능, 학업, 인지력, 공감 능력, 사회성, 직업적 관심 등 자신의 취향과 능력에 따른 인생 방향을 설정했다는 뜻이다. 사춘기의 발달과업은 정체성의 확립이요 정체성의 확립은 소명(calling)과 사명(mission)의 발견이다. 그때의 부모는 최소한의 기본 양육을 완수했기에 동반자와 안내자 역할만 해 주면 된다는 뜻이다.

<mark>사례</mark> 초등학교 1학년 때부터 셰프가 꿈인 남자아이가 있었다. 늘 요리에 관한 책과 영상을 보고 엄마가 주방에서 일할 때면 옆에서 채소도 다듬고 칼질도 곧잘 했던 아이였다. 그 아이가 초등학교 5학년 때 엄마의 친구들을 집으로 초대하여 엄마의 생일 밥상을 차려냈다. 엄마의 친구들이 쌍 엄지를 치켜세우며 감탄할 때 아이는 "올해는 한식이었지만 내년에는 양식으로 모시겠습니다."라고 선언했다. 요리 학원에서 양식을 배우기 시작했던 차였다. 그의 엄마는 이렇게 말했다. "애는 사춘기를 해 본 적이 없어요."

그 아이야말로 사춘기를 제대로 했다. 일찍감치 자신의 인생 항로

를 정하고 그길로 매진한 것이니 반항의 이유도 없고 거친 행동을 할 이유도 없었다. 오히려 자기에게 주어진 요리 실력을 통해 자기효능감을 입증할 기회가 많아져 늘 행복했던 아이였다. 그러나 일반 가정에서 사춘기 자녀가 보이는 행동들은 한 마디로 싸가지 결핍이다. 독서를 안 해서 기본 어휘와 상식, 사물과 사람에 대한 개념과 이해도가 턱없이 부족하다. 글쓰기를 통해서 자기를 돌아보는 작업도 하지 않고 좋은 선생님과 친구들을 만나 사회성을 키우지도 않는다. 오로지 태어날 때부터 주어진 개인 공간에서, 빵빵하게 터지는 인터넷 환경에서 스마트폰을 쥐고 살며 게임과, 타임 킬러용 유튜브 시청, SNS 활동에 너무 많은 시간을 투자한다. 그런 것을 안 하면 도태될 것 같은 불안감을 조성하는 사회적 풍조에 세뇌되어 물질적 세계관을 갖게 되고 외적 자신감(외모, 돈, 학력, 명품…)을 추구하며 이기적이고 냉소적 인간이 되었다.

**해결 TIP**  사춘기에 대한 면죄부를 철회하고 지금부터는 자녀의 행동에 대한 기준과 원칙을 확실히 세우고 행동주의 심리학에 근거한 상과 벌의 원칙을 적용하되 실존주의 심리학 차원의 주제(죽음, 자유와 책임, 고립, 의미 없음)를 일깨워주어라.

# 공감하다
# 아이 망쳤다

사춘기 자녀의 싸가지 없는 행동의 이유는 학령기 이전의 아이들에게 공감한답시고 무조건 공감 모드를 작동시켰던 데서 온다. 기준과 원칙이 없는 공감은 아이를 버르장머리 없고 자기 통제력이 없게 만든다. 특히 아이가 확실한 잘못을 했을 때 잘못에 대한 추궁 없이 공감해주면 아이는 자기 행동에 대해 책임지지 않는 법을 배워 평생 죄책감을 모르며 살 것이다. 죄책감이 없다는 것이 행복일지 아닐지는 판단해 보아라. 죄를 짓고도 죄를 느끼지 못하는 것을 우리는 일반적으로 사이코패스, 즉 반사회성 성격장애로 규정한다. 아마 부모가 공감을 남발했던 것은 "응, 그랬구나."라고 하는 일명 "~구나(군요)" 기법을 들어서였을 것이다.

원래 공감 이론은 미국의 임상심리학자, 교육자, 작가인 토마스 고든(Thomas Gordon)의 P.E.T(Parent Effectiveness Training)에서 나왔다. 그는 상담에서 인간중심 접근법으로 유명한 칼 로저스(Carl Rogers)의 제자로, 로저스의 심리치료 이론과 원칙을 부모와 자녀의 관계에 적용하여 P.E.T.를 만들었다. 그의 이론은 1962년부터 소개되기 시작했고 책으로 출판된 것은 1970년이다. P.E.T는 자녀 양육에 대한 고전적인 내용으로 우리에게 이미 익숙해진 용어로는 '적극적 경청(Active Listening)', '나 전달법(I-Messages)', '갈등 해결의 무승부 접근법(No-Lose Conflict Resolution)'과 같은 것들이 있다.

그런데 이 이론은 지금 시점에서 이미 환갑이 넘었다. 60년 전의 그 이론이 지금의 아이들에게 적용된다고 믿으면 큰 오산이다. 그때는 아이들이 인격으로 존중되는 때가 아니었다. 그런 아이들을 독립적인 인격체로 존중해 주고 '마음'을 읽어주라는 것이 공감이었으니 거의 혁명이었다. 공감이란 말 자체는 가히 천상의 언어다. 그러나 공감은 수평적 언어가 아니라 수직적 언어다. 말의 뉘앙스를 보면 수평적인 것 같고 부모가 눈높이를 맞춰주는 모양새다. 그러나 공감은 수직적 관계이며 공감의 주체가 공감 받는 객체보다 월등히 우위에 있어야 한다. 가령, 아직 유아기에 있는 아이가 자기감정을 제대로 표현하지 못할 때 겉으로 드러난 말과 행동(something wrong)을 보고 부모가 그 마음을 읽어주는 게 공감이다. 즉, 아이들의 표현력이 10-20%일 때 공감해 주는 어른이 90-100%로 읽어주라는 뜻이다.

사춘기 자녀는 자기표현을 잘하고 부모에 대해 거리낌이 없다. 부모도 자녀가 무슨 말을 하든지 전적으로 들어주겠다는 태도를 가지고 있다. 이럴 땐 굳이 공감해 주지 않아도 된다. 단, 아이가 외부의 일로 상처를 받았거나 큰 트라우마(친구의 자살, 친구 부모의 이혼 등)를 겪었을 때는 공감이 우선이다. 그런 마음은 충분히 받아줄 필요가 있다.

**해결 TIP** ┊ 공감은 단계를 거쳐 이뤄진다. 정확한 정보⇒충분한 이해 ⇒자연스런 공감 순서다. 따라서 공감하기에 앞서 충분한 이해, 그 앞의 정확한 정보가 우선이다. 어떤 상황, 사건에 대한 정확한 정보부터 확인한 후에 이해와 공감을 해 주어야 한다. 정확한 정보는 육하원칙을 통해 구체화하면 된다.

## 갑자기 복수당한다

전성수 교수의 《복수당하는 부모들》을 보면 부모의 잘못된 접근이 자녀의 부정적 반응, 즉 '복수'로 이어질 수 있음을 경고한다. 복수의 이유는 첫째, 부모의 과도한 기대와 통제로 인해 자녀는 스트레스와 불안을 느끼며, 이는 부모에 대한 반항이나 무시, 학업 거부, 심지어 정신적 문제로 드러난다. 둘째, 초기 3년의 애착 형성 실패는 자녀의 평생 인간관계와 자아존중감에 부정적 영향을 미치며, 이는 부모에 대한 불만과 복수로 이어질 수 있다. 셋째, 선행학습의 강요는 자녀의 뇌 발달단계를 무시하여 학습 동기를 저하할 수 있으며, 이는 부모의 기대에 대한 저항으로 나타날 수 있다고 하였다. 복수당하는 부모가 되지 않으려면 첫째, 자녀의 뇌 발달과 감정을 이해하고, 그에 맞는 양육 방식을 채택하여 자녀와의 안정된 애착을 형성한다. 둘째, 공감과 소통을 통해 자녀의 감정을 존중하고, 자녀 스스로 동기를 부여받을 수 있도록 지원한다. 셋째, 부모 자신의 역할을 점검하고, 자녀에게 긍정적인 모델이 되도록 노력해야 한다고 하였다.

거기에 더해 요즘 부모들은 허용과 과잉의 양육 태도로 인해서 복수를 당한다. 다음과 같은 사례가 있다.

"왜 나를 한 번도 꾸중하지 않았어요?"

중3 아들의 항변이었다. 엄마는 대한민국에 나온 육아서는 죄다 독파했다. 그리고 칭찬은 고래도 춤추게 한다는 이론을 믿고 늘 칭찬해 주었다. 부모는 아이의 거울이라는 말에 부부끼리 한 번도 언성을 높이며 싸운 일도 없었다. 아이들에게도 늘 좋은 말, 긍정적인 말, 인정과 칭찬만 해 주었다. 초등학교를 졸업할 때까지는 이렇다 할 문제가 없었다. 그런데 아들이 중 3이 되면서 달라졌다. 부모는 아이가 사춘기에 접어들어 그렇다고 당연하게 여기며 기다려주기로 했다. 그런데 아이가 한 말은 자기에게 뭘 안 해 주었거나 못 해 주었거나 하는 불만이 아니었다. 왜 자기에게 칭찬만 해 주어서 옳고 그름을 제대로 판단 할 수 없는 아이, 다른 아이들의 좋은 면과 나쁜 면을 구분하지 못하는 아이로 키웠냐는 항변이었다. 어느 날 갑자기 철퇴로 뒤통수를 맞은 기분이었다고 했다.

아이가 친구들과 어울리다 자기를 다시 보게 되었다. 좋게 말하면 너무 순수하고 나쁘게 말하면 개념이 없는 존재라는 것을 알게 되었다. 그런 생각을 하다 보니 부모가 자기를 혼내거나 꾸중을 한 일이 하나도 없었다는 것을 깨달았다. 자기도 한 인간이라 완벽한 존재가 아닌데, 때로는 잘못도 하고 실수도 할 텐데, 그럴 때도 꾸중 대신 무조건적인 수용과 칭찬을 받았던 것이 도리어 뭔가 덜떨어진 인간처럼 되었다는 것이었다.

**해결 TIP**

영국의 소아과 의사이면서 정신분석학자였던 위니컷(Donald Winnicott)은 적절한 좌절(optimal frustration)의 개념을 제시했다. 부모가 아이의 발달단계와 필요에 따라 적절한 지원을 제공하되 적절한 좌절도 필요하다고 하였다. 그래야 아이가 건강하게 성장하고 독립적으로 기능할 수 있다고 하였다.

## 죄책감에 사로잡혔다

필자의 《다 큰 자녀 싸가지 코칭》, 《왕이 된 자녀 싸가지 코칭》을 읽었거나 블로그 혹은 유튜브 채널을 시청하고 오는 부모 중에는 첫 대면상담 때 오열하는 부모들이 많다.

"요즘은 문제 부모에게서 문제 자식 나온다는 패러다임이 성립되지 않습니다."

그들은 아이가 일으키는 문제만으로도 힘겨운데, 그 문제의 원인 제공자가 자신이라는 죄책감으로 자기 상처에 소금을 뿌리며 살아왔다.

한국에 들어와 있는 육아서는 죄다 영유아 중심이다. 그런 이론들이 나왔을 때는 꽤 통용되는 이론이었지만 수십 년이 지난 지금 시점에는 개연성이 현저히 떨어진다. 그때는 80~90%의 개연성을 가졌던 이론이었을지라도 21세기 2025년 현재의 개연성은 기껏 10~20%뿐이다. 이 때문에 그 당시에는 '문제 부모-문제 자식'이라는 패러다임이 절대 진리였지만 이젠 상대 진리이다. 오히려 '좋은 부모-문제 자식'의 패러다임이 더 많아졌다. 부모는 대체로 좋은 부모다. 좋은 부모가 되려고 무던히도 애를 썼기 때문이다. 그렇다면 자녀도 다 좋은 자녀이어야 하는데 그렇지 않으니 인과론적 관점으로는 설명되지 않는다. 그렇다면 우리에겐 새로운 물음이 제기된다. '문제 부모가 아닌데 왜 문제 자녀가 생길까?'

'문제 부모-문제 자식'이라는 관점은 다분히 S(Stimulus)-R(response) 이론의 과학적 패러다임이다. 원인과 결과의 인과관계가 확실해야 하니 자녀들의 문제(R)는 반드시 문제 부모(S) 때문이었다. 학대하는 부모, 방치/방임하는 부모, 무심한 부모, 무식한 부모를 비롯한 건강하지 못한 부모 역할로 인해 파생된 문제였다. 그래서 부모 자격증을 따야 한다는 말이 나오기도 했었다. 자동차를 운전하려면 반드시 운전면허증을 따야 하듯 부모도 그래야 한다는 논리였다. 운전을 잘못하면 자신은 물론 남의 생명과 재산에 손상을 입힐 위험이 크기 때문에 어느 정도의 운전 실력과 성품을 갖춘 사람에게만 운전면허를 주고, 면허를 취득했더라도 일정 기간이 지난 사람은 적성검사를 통해 운전자로서의 적합성을 재확인하듯 부모의 재교육을 통해서 자격을 유지하자는 취지였다.

그런데 2000년 이후 보통 가정의 부모는 역기능 가정의 요소를 가지고 있다고 보기 어렵다. 물론 여전히 자식을 학대하고 소유물로 간주하며 걸핏하면 폭언과 폭력을 쓰는 사람들이 존재하나 주류는 아니다. 오히려 좋은 부모의 조건을 다 갖추고 있는 부모들이 압도적으로 많다. 학력 수준도 높고 어느 정도의 경제적 기반을 갖추었기에 자식을 위해서라면 경제적 지원과 관계적 지원, 심리적 지원을 포함하여 전폭적 지원을 할 만반의 준비가 되어 있고 실제로 그럴 능력도 있다. 아이들의 눈높이를 맞춰줄 줄도 알고 개성도 존중해 주고 하나의 인격체로 깍듯이 대해주고 있는 부모들이다. 적어도 건강한 가정은 어떠어떠해야 한다는 풍월을 충분히 들었기에 웬만한 곳에선 자녀 교육에 대한 강의를 한두 시간쯤 할 수도 있는 사람들이다.

다만 이 시대의 역기능은 과도한 아이 중심, 물질과 쾌락 중심의 삶, 이기적이고 고립된 삶, 가르칠 것을 가르치지 않은 것이요 이는 자녀와 부모 둘 다 정신적 영양실조에 걸려서 그렇다.

**해결 TIP**  문제 부모라는 죄책감은 과감히 버려라. 부모도 지금의 삶보다 더 나은 삶이 있었다면 그 삶을 선택했을 것이다. 사춘기 자녀는 부모에게 자신을 맞춰야 하며 그런 삶의 태도는 세상에 나갔을 때 어디에서든 통용된다.

## 가정교육을 안 한다

요즘의 자녀 문제는 오히려 부모의 과잉 사랑과 가정교육의 부재에 있다. 거기엔 '아이가 원하는 대로'라는 교육철학이 자리하고 있다. 한국 부모의 무의식엔 아이가 원하는 건 뭐든 해 주고 원하지 않는 것은 억지로 시키지 않는 부모가 좋은 부모라는 인식이 각인되어 있다. 이 때문에 한국엔 허용적 부모 유형이 가장 많다. 여기에 과잉적 유형까지 더해 사랑이란 이름의 학대를 하고 있다. 아이가 원하는 대로의 시기는 갓난아기 때뿐이고 그 이후부터는 아이가 자기 인생의 주체가 되도록 멘토링을 해 주어야 한다. 다만, 안타깝게도 부모 멘토링의 지침과 교재가 없다.

그런 까닭에 요즘 아이들은 기본 품성에 대한 부분, 스스로 자기 인생을 꾸려가는 독립된 주체가 되는 부분에서 제대로 안내받지 못했다. 발달단계에 맞는 자녀 양육 철학은 황제처럼 모셔야 하는 갓난아기, 원숭이처럼 놀아줘야 하는 어린아이, 일꾼처럼 써먹어야 하는 다 큰 자녀이다. 이 땅의 부모들은 아이를 황제처럼 모시는 부분에선 단연 세계 최고이고, 원숭이처럼 놀아주는 부분에서도 꽤 점수를 줄 만한데 일꾼으로 만들라는 부분에서는 낙제점이다.

또한 한국 부모는 자신이 자녀 교육의 주체라는 생각을 안 해서 아이 문제를 외부의 도움을 받아 해결하려 한다. 학교 교사의 도움을 받든지, 심리상담을 받든지, 정신과 진료를 받아 약물을 복용하든지 아니면 유학이나 대안학교를 보내려 애쓴다. 물론, 그것이 때론 유효적절한 방법이 될 수 있다. 그러나 아이를 다루는 주체는 부모 당사자라는 사실을 망각해선 안 된다. 아무리 외부 환경을 바꾼다 해도 부모와 자식 관계는 내부환경이기 때문이다.

그나마 정신교육에 해당하는 밥상머리 교육이라고 알려진 것들이 있긴 하지만 한국에서의 밥상머리 교육은 식탁 예절 교육일 뿐이다. 밥 먹는 시간이 20분도 안 되는데 그 안에 무슨 교육이 이뤄진다는 것은 성립이 안 된다. 원래 밥상머리 교육은 유대인에게서 나온 것이다. 그들은 안식일 저녁 식탁에서 온 가족이 둘러앉아 함께 밥을 먹고 아버지의 주관 아래 토론식 교육(debate)이 이어지는데 최소 2시간에서 6시간이 소요된다. 그들은 밥상에서 시행하는 종교교육을 통해서 인성교육과 지혜 교육을 하는 셈이다.

**해결 TIP**  가르치지 않은 게 문제였다면 지금부터라도 가르쳐라. 어차피 교육은 반복이다. 지금은 듣지 않는 것 같아도 임계 질량에 도달하면 변화는 일어난다. 칭찬법도 제대로 배워 제대로 활용하라.

# 정신적 영양실조에 걸렸다

2024년 유엔 세계행복보고서에 따르면, 한국은 조사 대상 143개국 중 52위를 기록했다. 전년도 57위에서 5계단 상승한 결과로, 한국인의 주관적 행복도는 10점 만점에 6.058점으로 평가되었다. 한편, 핀란드는 7.741점으로 7년 연속 세계에서 가장 행복한 나라로 선정되었다. 이 보고서는 1인당 GDP, 기대수명, 자유, 사회적 지원, 부정부패, 관용 등 6개 항목을 기준으로 행복지수를 산출하며, 조사 직전 3년 치 데이터를 바탕으로 점수와 순위를 매긴다.

한국 부모는 물질적 풍요는 제공하나 가정교육이나 인성교육, 철학이나 교양교육 제공은 턱없이 부족하다. 그저 우리의 부모 세대가 자식들을 위해 헌신했던 것처럼 자기도 자식을 위해 헌신하는 것이 최고인 줄 안다. 그래도 부모 세대는 자기 부모가 자신들의 삶을 포기하고 자식에게 헌신했다는 것을 알기에 그 헌신에 보답하는 차원에서 혹은 가난을 벗어나거나 자신의 미래를 준비하는 차원에서 열심히 살았다. 그 결과로 지금의 물질적 풍요를 이뤄냈다. 그러나 '상대적 박탈감'이라는 새로운 복병을 만나 그다지 행복하다고 느끼지 않는다. 상대적 박탈감(Relative Deprivation)은 자신이 누리는 자원, 기회, 조건 등이 자신과 비슷하거나 비교 대상이 되는 다른 사람들보다 열악하다고 느낄 때 경험하는 심리적 불만과 좌절감을 의미한다. 이는 절대적인 결핍이 아닌 남들과의 비교를 통해 느껴지는 결핍감이다.

우리 부모님 세대의 부모상은 '아낌없는 주는 나무', '목숨까지 내어주는 사랑', '자식을 위해서라면 뭐든 억척같이 해내는 사람'이었다. 그 점에서는 세계 어느 나라보다 강하고 헌신적이었다. 다만, 그것은 물질적인 요소요 먹고 사는 문제, 즉 생존의 문제가 해결되지 않았던 시대의 부모상이다. 그러나 현대 부모는 이제 정신적인 공급을 해 주어야 한다. 교육을 학교나 학원에 전적으로 맡겨서는 안 된다. 인성교육이나 지혜 교육은 부모가 하는 교육이지 학교나 학원이 대신할 수 없다. 학교는 사회화 기능교육을 하는 기관이라 자기중심적 기능인을 만들어낼 뿐이다.

부모가 자녀에게 정신적 자양분을 공급하려면 부모가 먼저 행복해야 한다. 내 배가 불러야 자발성이 작동되는 법이다. 그 방법은 주관적 만족감(Subjective Satisfaction)의 추구이다. 주관적 만족감이란 개인이 삶의 전반적인 영역(직업, 인간관계, 건강, 신앙 등)에 대해 느끼는 만족의 정도를 의미한다. 이는 외부 환경이 아니라 개인의 주관적인 평가에 따라 결정되며, 개인의 기대치와 현실 간의 차이에 영향을 받는다. 주관적 만족감에는 세 가지 만족 기준이 있는데, 인지적 만족은 삶의 전반적인 평가로서 자신의 인생이 괜찮다고 느끼는 것, 정서적 만족은 긍정적인 감정(기쁨, 감사)과 부정적인 감정(불안, 우울)의 균형 맞추기, 영역별 만족은 직업, 가족, 건강, 재정, 신앙 등 특정 분야에서의 만족감을 말한다. 일상에서 '소확행'을 추구하는 것도 주관적 만족감을 높이는 좋은 방법이다.

> **해결 TIP**
>
> 정신적 풍요를 위해선 부모가 독서하는 사람이어야 하고 문화를 가진 사람이어야 한다. 책 한 권 안 읽는 사람, 문화라곤 하나도 없는 사람이 삶의 여유와 즐거움, 의미와 보람 같은 실존적 요소를 어떻게 알고 가르칠까?

## 문제해결력이
## 부족하다

한국 부모는 자식에게서 생긴 작은 문제를 뭘 어떻게 처리하는지 잘 몰라 걱정만 하고 불안의 늪에 빠진다. 사실, 가정에서 생기는 소소한 사건들은 어느 가정에나 있는 보편적인 것들이지만 그것을 교육으로 연결하는 것은 부모의 능력이다. 아이들은 사건을 해결하는 과정에서 여러 가지 감정도 경험하고 대화를 하는 것도 배우고 갈등이 생겼을 때 어떻게 해결하는지도 배우고 부정적인 감정을 참아내는 것도 배우고 피차 격려하고 위로하는 것도 배운다. 그래서 대가족, 형제가 많았던 가족, 마을과 골목이 있었던 때는 그만큼 많은 교육을 받았다고 보면 된다. 거기에 반해 부모 자식만으로 구성된 핵가족, 아파트라는 독립된 공간 안에서 사는 현대 가족은 다른 가족들과의 접촉이 거의 없다. 부모와의 접촉도 현저히 떨어진다. 그래서 아이들은 가정교육의 기회를 얻지 못했다. 그러다 학교에서 또래를 만나는데 그들과의 인간관계에서 발생하는 크고 작은 갈등을 어떻게 해결하는지 모른다. 사소한 일에 목숨 걸며 덤비거나 회피하거나 포기한다.

필자는 싸가지 코칭을 의뢰해 오는 부모들에게 어릴 때 부모님이나 가족들, 집안 사람들, 동네 사람들, 하다못해 지나가는 어르신들이 해주었던 말들을 요즘 아이들은 전혀 듣지 못해 마음이 백지라고 말해준다. 부모에게는 지극히 '기본'에 해당하는 것도 자녀들은 모른다는 것을 알아야 한다. 그래서 해 주고 싶은 말은 무엇이든 망설이지 말고 그냥 하라고 한다. 듣든 안 듣든 그건 아이 몫이지만 어차피 교육은 반복을 통해서 이뤄지는 것이라 수 없이 일러주어야 한다.

요즘 젊은 부모들, 영유아를 둔 부모들은 정말 헌신적이다. 특히 젊은 아빠들이 아기 돌보는 모습을 보면 감동이 될 정도다. 그 손길이 얼마나 부드럽고 얼마나 세련되었는지 엄마의 손길은 저리 가라 할 정도다. 아이들도 엄마의 손길보다 아빠의 손길을 더 기대하고 기다린다. 그런 아빠들도 학령기에 접어든 자녀를 다루는 데는 완전히 백지상태다. 특히나 아이들이 또박또박 자기 권리를 주장해 오면 부모들은 반박할 근거가 없다. 그렇게 학년이 올라가다 보면 어느새 아이들은 권리 100%, 의무 0%의 관계 꼭대기에 앉아 완벽한 상전으로 군림한다. 폭군의 자리에 올라앉아 부모를 우습게 여기고 자기의 필요를 충족해 주는 무수리로 여긴다. 자기들이 부모를 섬겨야 하고 모셔야 하고 효도해야 하고 보살펴드려야 한다는 생각은 털끝만치도 하지 않는다.

유대인 부모들이 자녀를 훈육할 때, 체벌을 허용하는 경우가 있다. 종교적 의무 불이행, 공공질서 위반, 부모나 교사에 대한 심각한 불경, 고의적인 거짓말과 속임수, 도둑질이나 부정행위, 의도적인 잔혹함, 게으름과 태만, 가족과 공동체를 위협하는 행동이다. 체벌의 목적은 교정에 있기에 감정적 반응으로 체벌하지 않는다. 미리 경고하고 기회를 준다. 자녀가 왜 벌을 받는지 충분히 이해할 수 있도록 설명한다. 체벌 이후에는 반드시 자녀를 안아주어 신뢰를 회복한다. 앞의 경우가 아니라면 대체로 "No"라고 말하기보다 긍정적인 방향으로 유도한다. 즉, 무조건적인 거부보다는 아이의 자율성과 창의성을 존중하면서도 올바른 길로 안내하는 방법을 사용한다.

"그거 대신 이건 어떨까?"
"오늘은 초콜릿 대신 과일을 먹으면 어때?"
"네가 집에 와서 공부는 팽개치고 게임만 하면 어떤 일이 생길까?"
"숙제 다 하면 게임할 수 있어."
"지금은 못 사지만, 생일 때 받으면 더 좋지 않을까?"
"왜 그런 행동을 하면 안 되는지 생각해 볼까?"

**해결 TIP** 갓난아기 양육법으로 사춘기 자녀를 키우면 냉소주의자에 문해력 결핍에, 드레가 부족한 아이가 될 뿐이다. 이젠 영유아 위주의 과도한 아이 중심 심리학을 과감히 버리고 부모 중심 심리학으로 전환하라.

# 불안의 늪에
# 빠졌다

✕

　유대인의 교육법 하브루타는 '짝'이라는 뜻의 히브리어다. 교육의 기본 전제가 둘, 즉 짝을 통해 서로를 돕는 상생이다. 그들이 이런 방식을 쓰는 것은 구약성경 잠언에 나오는 구절을 모토로 삼기 때문이다. "철이 철을 날카롭게 함 같이 친구가 친구의 얼굴을 빛나게 함이다(잠언 27:17)." 교육은 그 자체로 친구를 돕는 일이고 친구를 도움으로 내가 유익을 얻는 상생의 패러다임이기에 같은 유대인들끼리 진한 유대감으로 연결되게 만든다. 그러니 불안해질 이유가 없고 왕따가 생길 이유가 없다. 그러나 한국의 제도화된 교육은 똑똑한 개인을 낳긴 하지만 패러다임 자체가 경쟁이라 부모를 불안의 늪에 빠지게 한다.
　학교 교육은 기본적으로 개인을 위한 생존 교육이다. 더불어 사는 것을 가르치지 않는다. 학교에서 왕따가 생기는 것 자체는 아이들의 인성 부족 원인이 맞고 그 인성의 부족은 가정에서 형성되지 않은 것이 맞긴 하지만, 학교의 시스템 자체가 그렇게 만든다는 것도 간과할 수 없다. 교육이 개인적이고 생존을 위한 것이라고 전제할 때 왕따를 시키고 폭력이 발생하는 것은 시스템이 가지는 문제이다.

부모들에게 학교는 거의 신앙 수준이었다. 실제로 지금의 물질적 풍요를 이룬 가장 큰 공신이 학교다. 다만, 학교 교육은 통계의 오류에 휘둘리고, 과학적 근거에 약한 모습을 보인다. 그런 까닭에 한국인의 기저 심리는 불안과 두려움이다. 그것을 등쳐먹고 사는 세 가지 직업군이 점쟁이, 사이비 종교, 학원들이다.

불안이 낳은 고질병 중 하나는 조급증이다. 뭐든 빨리하라고 채근하기 십상이다. 아이는 아직 미숙한 상태라 말과 행동이 느릴 수 있다. 또 성향이 완벽주의라 모든 것을 꼼꼼하게 하느라 느릴 수도 있다. 느리다고 속 터진다고 말하기 전에 그 속 터지는 것이 조급증에 의한 것, 궁극적으로 불안에서 기인한 것이 아닌지 살펴보아라.

**해결 TIP** | 부모가 느끼는 불안은 대체로 근거가 없으니 너무 크게 염려하지 말라. 사람들이 하는 이야기, 방송에서 하는 이야기, 일명 논객들이 말하는 이론은 참고는 하되 무시해도 좋다. 절대 진리가 아니다.

# 과학적 사고방식만 고수한다

✕

"콩 심은 콩 나고 팥 심은 데 팥 난다.", "아니 땐 굴뚝에 연기 날까?"와 같은 속담은 인과론적 세계관을 표현하는 말이다. S-R 패러다임은 Stimulus와 Response의 상관관계를 드러낸다. 어떤 자극은 결과를 드러내고 어떤 결과는 반드시 이전의 자극에 의한 것들이다. 우리가 사용하는 심리학의 근간은 프로이트 심리학이다. 프로이트 심리학은 전형적인 S-R 이론이다. 꿈 분석에 대한 프로이트의 이론도 낮에 받았던 자극이 무의식 속에 들어 있다가 꿈에서 드러나는 것에 착안하였다. 억압된 마음이 꿈 안에서 분출되는 것인데 이때 억압된 마음이란 외부의 자극에 의한 것이다.

S-R 이론의 패러다임은 학교 교육의 바탕이다. 르네상스 이후 인간

의 이성이 중심이 된 물질문명이 발달하였는데 이것은 르네상스가 경험적 연구와 실험을 강조하는 과학적 방법론을 확립한 시기였기 때문이다. 철저한 S-R이론, 과학적 패러다임은 물질적으로 풍요롭고 편리한 세상을 만들었다. 오늘날도 직업 세계는 반드시 S-R 패러다임으로 통한다. 이 형평성이 맞지 않을 때 불합리와 불공정의 문제가 드러난다. 그래서 세상은 그런 불합리와 불공정의 문제가 생기지 않도록 노력하고 있다.

그런데 세상엔 S-R 이론으로는 설명하지 못하는 것들이 많다. 부모의 사랑이라든지 철학과 종교, 역설의 세계 등은 S-R 이론 너머의 것들이다. 부모가 자식을 사랑하는 것(S)이 노후의 보장을 위한 것(R)이라는 말은 성립하지 않는다. 현대 부모들은 자신의 노후를 자식에게 맡길 생각을 추호도 하지 않는다. 자신의 노후는 자신이 준비한다. 연금이라든지 사회 복지는 그런 것을 가능케 한다. 그저 자식들이 자기 앞가림을 해나가는 주체이길 희망한다.

철학을 지칭하는 Metaphysics는 Meta+Physics의 합성어다. 고대 그리스에서 '자연학'을 의미하는 physics에 너머를 의미하는 meta의 조합으로 자연학 너머의 세계를 연구하는 학문이란 뜻이다. 철학은 자연학의 패러다임 너머에 존재하는 세계다. 물론 그때의 자연학과 오늘날의 과학은 완전히 일치하진 않지만 유사하다고 볼 수 있다. 따라서 인간의 정신적 세계, 관계적 행복은 과학적 패러다임 너머에 존재한다. 과학은 우리에게 물질적 풍요와 편리를 제공하고 철학은 우리에게 정신적 풍요와 행복을 제공한다.

초등학교에서 대학에 이르는 모든 과정의 학문은 S-R 이론이다. 초등학교 이전 유치원과 어린이집까지 포함하고 대학 이후 대학원 과정까지 포함한다면 그 범위는 엄청 넓다. 그래서 아무리 똑똑하고 탁월한 사람일지라도 관계적인 측면, 정신적 측면, 철학적 소양은 턱없이 부족한 사람일 수 있다. 또한 Metaphysics의 영역을 physics의 영역으로 해석하려는 시도는 어리석기 짝이 없다.

**해결 TIP** | 과학적 사고의 패러다임을 넘어 철학적 사고의 영역으로 올라서야 한다. 과학은 풍요와 안락을 가져다주지만, 철학과 종교는 정신적인 차원을 다룬다. 인과론적 사고보다 한 단계 높은 것이 역설(Paradox)의 영역이다.

# 부모의 드레가 부족하다

요즘 세상엔 부모가 부모 역할을 제대로 못하는, 즉 철없는 부모, 개념 미달의 부모들도 적지 않다. 따끔히 혼내야 할 아이를 공감한답시고 감싸 안는다든지, 꾸중해야 할 타이밍에 칭찬한다. 이들은 교육의 개념도 모르고 부모 역할도 모른다. 그저 나 자신, 내 새끼 위주로만 생활하는 이기주의자다. 양육의 개념만 있지 교육의 개념을 몰라서 그렇다. 이 관점에서는 문제 부모 아래 문제 자식이 나온다는 패러다임이 맞다. 발달단계마다 포용과 거절의 비율을 맞춘 훈육을 해야 하는데 반대로 허용적 부모나 과잉적 부모가 되어 내 새끼 감싸는 통에 아이를 왕이나 심리적 마스코트로 등극시킨 부모들이다.

이런 배경에서 자란 아이는 그 누구의 말도 듣지 않는다. 어린이집이나 유치원에서 아이는 첫 사회생활을 배우는데, 어린이집과 유치원 교사들은 수직 체계의 윗사람이다. 그러나 아이는 윗사람이란 개념 자체가 없기 때문에 교사도 종에 불과하다. 집에 가면 부모라는 종이 있고 유치원이나 학교에 가면 교사라는 종이 있을 뿐이다. 그래서 자기 마음대로 행동하고 고집부리며 화가 나면 물건을 무수거나 책장에서 책을 다 끄집어내거나 교사를 향해 욕을 하거나 꼬집거나 물어뜯는다. 그런 행동이 단 한 번도 '잘못'이라고 지적받은 적이 없어서이다. 이런 아이를 진단하면 '충동조절장애'나 'ADHD'외 '반사회성 성격장애'로 나온다. 그래서 그 증상을 없애도록 정신과 치료와 약물, 상담을 병행하지만, 그것이 부모의 양육 태도에서 기인한 것이라면 부모의 양육 태도부터 바꿔야 한다. 부모의 양육 태도, 가치관이 바뀌지 않는 한 아이는 계속 그 상태로 성장하면서 점점 더 악화될 것이다.

**해결 TIP** 부모도 내적으로 성숙해져야 한다. 내면을 가꾸는 일은 독서와 글쓰기, 다른 사람과의 교류를 통해서 가능하다. 봉사활동과 같은 이타적인 행위를 하는 것은 더더욱 좋다.

## 자녀를 되레 무서워한다

요즘 아이들은 자기 부모를 다룰 줄 안다. 즉 어떻게 하면 자기가 원하는 목적을 달성할 수 있는지를 잘 알고 있다. 부모 중 더 편한 대상자를 더 만만하게 부려 먹는다. 그래서 부모의 부부 사이가 좋지 않거나 동맹관계가 약할 경우 손쉬운 표적이 된다. 따라서 부모 사이엔 어떤 경우라도 강한 동맹관계가 구축되어 있어야 한다. 부부끼리 대화가 안 통하고 취향의 차이, 성격 차이 등으로 갈등 중일지라도 자녀를 대하는 창구만큼은 통일되어 있어야 한다. 그 일관성이 무너지면 자녀는 엉망이 되고 부모를 역이용하고 약한 사람을 종 부리듯 함부로 대한다. 부모는 스스로 자신의 권위와 입지를 지켜야 한다.

자녀가 무섭다는 것은 자녀가 힘의 주체가 되었다는 뜻이다. 갓난아기나 어릴 때는 힘이 없어 부모의 통제 아래 있지만 어느 정도 성장하면 힘의 주체로 올라서 그 힘을 사용하려고 한다. 바르게 자란 자녀는 힘을 갖기 시작해도 그 힘을 적절하게 잘 사용한다. 힘을 쓸 때와 쓰지 말아야 할 때를 알고 발톱을 세울 대상과 아닌 대상을 구별한다. 고양이도 사냥할 때나 다른 동물의 공격에 반격할 땐 발톱을 세우지만 주인을 대할 때는 발톱을 세우지 않는 것처럼 아이들도 마찬가지여야 한다. 아이들이 무섭다는 건 늘 날카로운 발톱을 세우고 때와 장소에 관계없이 마구 할퀴기 때문이다.

자식이 무섭다면 이미 기본적인 관계의 범주를 벗어났다는 뜻이요 부모의 통제가 아니라 법적인 강제력이 있어야 한다는 뜻이다. 자녀가 집안 기물을 부술 때 녹화하라. 사진을 찍어 놓아라. 막말하고 욕설하고 대들 때도 부모 중 한 사람은 녹화해 둬야 한다. 폭력을 행사하는 자녀는 더 이상 돌봄이 필요한 어린아이가 아니다. 그래서 어떤 행위를 하면 거기에 대한 대가를 지불해야 한다는 것을 알아야 한다. 좋은 행동을 하면 상을 받는 것이고 일상적인 행동은 지극히 일상 범위에 들어가는 것이고 나쁜 행동을 하면 벌을 받는 것이다. 기본 중의 기본이다.

**사례** 초등학교 고학년 아이가 낮에 난동을 부리고 욕을 하고 기물 부수는 장면을 부모가 녹화해 두었다. 녹화하라는 코칭을 받은 직후였다. 그날 밤 아이는 부모를 경찰서에 신고했다. 경찰서에 불려 간 부모는 아동학대로 몰릴 위기에 놓였다. 그때 부모가 찍어두었던 동영상을 경찰관에게 보여주었다. 그제야 경찰관도 사태를 파악하고 오히려 아이를 꾸중하고 이런 일이 계속되면 생길 일에 대해 알려주었고 아이가 겁을 먹고 그런 행동을 자제하는 계기가 되었다.

**해결 tip** 사춘기 자녀가 폭언이나 폭력을 행사할 때는 반드시 녹화해 두어라. 요즘 아이들은 부모가 훈계하거나 혼을 낼 때 때렸다며 폭력으로 신고할 때가 많다. 자기 잘못은 인정하지 않고 부모의 행위만 신고한다. 그럴 때 근거자료로 제시하라.

# 순간적으로 얼어버린다

  한국의 부모는 아이들이 억지 논리를 펼 때 말문이 막혀 끝까지 반박하지 못한다. 반박할 줄 알아도 그것이 아이들에게 상처 주는 말일까봐 하지 않는다. 그런 부모는 생각의 패러다임을 바꾸면 된다지만 대다수는 언제 무슨 말을 어떻게 해야 할지 몰라 막막해한다. 학력이 높은 부모도, 밖에서 탁월함을 인정받는 사람도 자식 앞에서는 언어장애인이 된다.

  이러니 어떤 상황이 생기면 눈앞이 하얗게 된다. 문제가 생기면 가장 먼저 문제를 문제로 놓고 왜(why) 그 문제가 생겼는지를 냉정하게 분석하면 된다. 나의 관점과 다른 사람의 관점을 비교 분석하고 거기에 합당한 정보를 가져와서 문제의 원인을 명확히 진단한 후, 어떻게

(How)라는 질문을 통해서 무엇부터 할지를 결정하면 된다. 그렇게 한다면 실수나 잘못도 또 하나의 경험으로 갈무리할 수 있다. 성공하는 사람들은 탁월한 사람들이기도 하겠지만 냉정한 피드백을 더 잘하는 사람들이다. 프로 바둑기사는 반드시 복기하는데 특히 이긴 경기보다 진 경기에 대한 복기를 통해서 무엇이 문제(Why)였는지를 파악하고 다음 경기 때 어떻게 해야 할지(How)를 대비한다.

조금만 생각해 보면 부모가 말문이 막힐 이유가 없다. 최종 학력을 비교해 보아라. 누구의 학력이 더 높은가? 세상을 살아온 경험을 보라. 누가 더 경험이 많은가? 경제적 능력을 보아라. 누가 월등히 많은가? 사실 아이들은 현재 무능하다. 아직 인생 준비 단계에 있어서 제대로 갖춘 것이 없다. 아이들이 바라는 건 권리뿐이고 어떤 의무도 이행하지 않겠다는 것이다. 그러니 그런 아이들에게 왜 뭔가를 해야 하는지 알려줘야 하고 '선 의무이행, 후 권리획득'의 법칙을 시행해야 한다. 갓난아기는 아무것도 할 게 없지만 다 큰 자녀, 사춘기 자녀는 무엇이든 할 수 있기 때문이고, 부모가 무식하고 개념 없는 부모가 아니라면 아이가 하지 못할 일을 시키지 않기 때문이다. 따라서 부모가 시키는 일은 지극히 보편적인 일이고 아이가 그 나이에 마땅히 해야 하는 '기본 의무'에 해당이 된다.

자녀를 힘들게 하지 않는 부모가 좋은 부모라는 인식은 부모로 하여금 마땅히 할 말도 못 하게 만든다. 자녀를 키울 때는 책임을 지우고 더러 힘들게 해야 한다. 그래야 아이가 자기 통제력, 문제 해결 능력, 그리고 성숙한 사회적 역할을 배울 수 있기 때문이다. 이것은 단순히 아이를 힘들게 하기 위해서가 아니라, 장기적으로 아이가 독립적이고 책임감 있는 성인으로 성장하는 데 필요한 과정이다. 또한 교육이란 본시 딱 두 개의 개념 즉, "하라"와 "하지 마라"뿐이다. 부모가 되어 아이가 해서는 안 될 것을 "하라"라고 하거나 꼭 해야 하는 것을 "하지 마라"라고 말한다면 그건 부모로서 직무 유기와 학대이겠지만 세상에 그런 부모가 있을까?

> **해결 TIP** 말문이 막힐 때는 일단 유보하라. "조금 있다 이야기 하자."라고 한 후에 곰곰이 생각하고 반박할 말을 준비해서 다시 만나 말하라. 부모란 마땅히 가르칠 것을 가르치는 인생의 교사다. 그러니 주저하지 말고 위축되지도 말고 당당하게 말하라.

# 꾸중을 못 한다

자녀가 어떤 잘못을 했을 때 잘못을 짚어서 교육하지 않으면 아이는 잘못이 잘못인 줄 모르고 성장한다. 잘못했다는 죄의식을 느끼는 것은 지극히 건강하고 정상적이다. 죄책감은 건강한 사람이 가지는 감정이다. 죄책감(guilty)이 아니라 수치심(shame)이 문제일 뿐이다.

아이들에게 죄의식이 없는 것은 아이의 심리적 나이가 영아기에 고착되었기 때문이다. 언어발달, 수리 능력, 판단 능력 등 생존에 대한 기본 지능은 나이에 맞게 발달했지만, 심리 나이는 갓난아기 수준에 고착되었다. 갓난아기는 자기라는 감옥에 갇힌 시기다. 대상관계 심리학자 마가렛 말러(Margaret Mahler)는 이것을 '정상적 자폐기(Normal Autistic Phase)'라는 용어로 설명하였다. 발달 단계상 자기가 주인이 되고 자기 마음껏 행동하는 시기라는 뜻이다. 물론 절대 의존의 시기라 부모는 절대 양육자와 보호자의 역할을 해 주어야 한다. 이후 정상적 공생기(Normal Symbiotic Phase)를 거쳐 건강한 분리-개별화 단계(Separation-Individuation Phase)에 이른다고 설명하였다.

그런데 심리 나이는 적절한 좌절, 부모로부터 유보와 금지, 그 이유를 듣는 과정에서 성장한다. 그래서 좌절을 한 번도 겪지 않고 자란 아이는 심리적으로 영아기 수준에 머물러 생물학적으로만 성장할 뿐 심리 나이는 갓난아기 상태로 세상을 살아가야 하고 그 관점으로 인간관계를 해야 한다. 부모야 집이라는 범주 안에서 계속 황제처럼 모시는 역할을 해 줄 수 있지만 집을 떠나 독립할 시기가 되었을 때는 심리적 고착 상태의 사람을 받들어줄 이는 아무도 없다.

그래서 필자는 싸가지 코칭을 해 줄 때, 어떤 잘못된 행위에 대해 그 행위의 주체가 아이임을 반드시 주지시키라고 한다. 반박하기, 페널티 주기 등을 시행하더라도 반드시 논리와 근거에 맞게 이유를 제시하며 설명해 주어야 한다. 논리와 근거는 아이가 어느 정도 이해력을 가졌을 때 해야 하는 것으로 생각하는 사람이 있는데 굳이 그럴 필요가 없다. 말귀를 못 알아듣는 시기에도 아이가 어떤 그릇된 행동을 했을 때는 이유를 조목조목 짚어서 왜 그게 잘못인지를 알려줘야 한다. 논리와 이성으로 수용하지는 않지만 그렇게 말하는 부모의 표정과 분위기를 통해서 이미지화된 것을 저장한다. 이때 논리와 근거를 조목조목 설명해 줘야지 무조건 먼저 화를 내고 체벌을 시작하면 아이는 상처받는다. 주눅 드는 존재가 되고 자존감이 형성되지 못한 채로 성장한다.

꾸중할 때는 엄히 꾸중하라. 기존의 부모 교육에서 강조했던 것은 '비난'하지 말라는 것이었지 '꾸중'하지 말라는 건 아니었다. 어떤 잘못된 행위를 했을 때 사람을 싸잡아 공격하면 그건 비난에 해당하고 상처를 남기고 주눅이 들게 한다. 예를 들어, 식탁에서 식사 중 아이가 물컵을 떨어뜨렸을 때 이렇게 말하면 비난이다.

"또 떨어뜨렸지? 내 그럴 줄 알았어. 뭐 제대로 하는 게 있어야 말이지. 맨날 저래. 내가 못 살아. 넌 태어난 것 자체가 죄악이야."

그 말을 이렇게 바꾸어 말하면 꾸중과 교육이다.

"어디 다친 데는 없어? 물 컵을 그렇게 식탁 끝에 두니까 떨어뜨리게 되잖아. 내가 이전에도 몇 번이나 이야기했는데 네가 제대로 듣지 않아 이런 일이 생긴 거 아닐까? 앞으로 물 컵은 식탁 안쪽에 두고 떨어뜨리지 않도록 해."

그리고 끝까지 책임지도록 지도해야 한다.

"네가 깬 컵이니까 조각들 완벽하게 치워라. 걸레질과 진공청소기 작업까지 해야 할 거다."

**해결 TIP** | 아이는 자기가 한 행동에 비해 과한 꾸중을 들을 수도 있다. 그럴 때 느끼는 감정은 억울함이지만 상처에 해당하진 않는다. 꾸중했다면 반드시 아이에게 질문을 하라. "오늘 꾸중을 들은 거에 대해 어떻게 생각해?" 아이가 잘못을 시인하면 다독여 주고 혹 억울한 부분을 이야기한다면 그 마음은 받아주어라.

# 허용적이거나 과잉적이다

 부모 유형은 대개 민주적 부모, 권위적 부모, 허용적 부모, 과잉적 부모로 나누는데 그중 한국의 부모들은 대체로 허용적 부모와 과잉적 부모에 해당한다.

 첫째, 민주적 부모란 기준과 원칙이 분명한 부모다. 발달단계에 맞는 훈육과 인생 준비를 시켜주는 부모로 Yes라고 할 부분은 전폭적으로 지원해 주고 No라고 할 부분은 무슨 일이 있어도 허락하지 않는다. 그리고 Yes와 No에 대한 기준과 원칙이 언제나 분명하고 확실하다. 가장 이상적인 부모다.

 둘째, 권위적 부모란 Yes는 거의 없고 No만 있는 부모 유형을 말한다. 권위적 부모가 2순위라는 점에서 많은 부모들은 의아해하지만, 권위적 부모가 허용적 부모와 과잉적 부모보다 낫다. 지금 부모들의 부모 세대가 대체로 권위적 부모 유형이었다. 생존의 문제를 해결하느라 생활전선에 있었던 사람들이었고 그로 인해 자식들을 상대적으로 방치하거나 혹은 무심하게 대했고 또 부모-자식 사이에 친밀감이라는 개념이 없었던 시대였기에 친밀감을 형성하지 못했다. 그래도 자식들을 위한 헌신만큼은 최고였던 부모들이다. 차라리 권위적 부모가 나은 것은 No를 하는 거절의 이유가 명확하면 상처가 아니라 자기 통제력을 더 기를 수 있기 때문이다.

셋째, 허용적 부모다. 대체로 육아나 자녀 교육에 대한 이론서들을 몇 권 독파했거나 그런 세미나를 들었던 사람들, 아동학대라든지 방임이나 방치를 해서는 안 된다는 것에 전적으로 동감하고 실제로 그렇게 살고 있는 유형들이다. 애착과 친밀감 부분에서 권위적 부모와 아주 다른 사람들이다. 다만, 영아기, 유아기에는 정말 좋은 유형인데 다 큰 자녀에게는 물러터진 부모가 되는 스타일로 Yes만 있고 No가 없는 부모들이다. Yes만 있고 No가 없는 부모 밑에서 자란 자녀들은 자기 통제력이 형편없이 약하다. 이런 아이들이 학교로 가면 충동조절장애나 ADHD라는 딱지를 붙이고 산다. 또 그런 문제가 발생하면 정신과나 상담센터를 찾아가는 부모들로 불안 지수가 높은 부모 유형이다. 부모로부터 Yes만 들었던 아이들은 자발성과 호기심을 잃는다. 자발성과 호기심은 뭔가 부족한 상황에서 생기지 풍족한 상황에서 생기지 않는다. 영국의 역사가 토인비(A.J. Toynbee)의 말대로 문명의 흥망성쇠는 도전(Challenge)과 응전(Response)으로 결정되는데, 도전이 없으면 무너지는 것과 같다. 좋은 부모란 무엇이든 공급해 주는 부모가 아니라 적절한 도전 거리를 주고 호기심을 촉발하는 부모다.

넷째, 과잉형 부모로서 Yes+Yes 유형이다. 허용적 부모 유형보다 불안 지수가 더 높으며 구더기 무서워 장 못 담그는 유형이다. 자식의 안위를 걱정하고 자식이 나중에 사회에 적응하지 못하는 존재가 되진 않을까, 남들보다 뒤처지지는 않을까, 상처받진 않을까를 걱정한다. 자식을 투명한 보호 캡슐 속에 집어넣어 놓고 24시간 보호한다. 보호한다는 명목을 가지고 있지만 사실은 물러터진 아이들, 자율성이 전혀 없는 아이들, 아무것도 못 하는 아이들을 양산한다. 이들이 신뢰하는 부모 교육 이론의 핵심은 '아낌없이 주는 나무' 동화와 같은 유형이다. 헬리콥터 부모, 도서관 맘, 맘충, 기러기 아빠가 되거나 자녀의 비서를 자청하고 나선다. 이런 부모들은 정신과나 상담센터, 학원의 손쉬운 먹잇감이다. 그들의 바탕에 깔린 기저 감정인 불안을 갈고리로 당기면 100% 걸린다. 그런 전폭적 지원을 통해서 자식이 잘 성장한 사례도 있긴 하겠지만 그렇게 성공했다 할지라도 인성적으로 물음표를 남기는 사례가 많다. 그런 부모들은 나중에 사춘기 자녀로부터 당하는 복수에 몸서리치게 될 것이다. 해 줄 것 다 해 줬다 싶은데도 자녀들로부터 오는 역반응을 이해하지 못할 것이다. 그런 사람들 역시, 과도한 아이 중심 심리학을 들었고 그런 이론을 맹신했던 까닭에 그렇게 행동했을 것이니 엄밀히 따지면 그들 또한 피해자이다.

**해결 TIP** | 민주적 부모를 추구하되 최소한 권위적 부모로 전환하라. 허용적 부모 아래 자란 자녀와 권위적 부모 아래 자란 자녀가 성인이 되었을 때 느끼는 행복도는 Yes보다 No를 많이 경험한 아이가 훨씬 더 높다.

## 학교를 맹목적으로 믿는다

신학기가 되면 교사로부터 자녀가 문제라는 소리를 듣는 부모들이 많다. 자녀가 학교에서 제대로 적응을 못하고 있다거나 다른 아이들과 어울리지 못하거나 불편과 손해를 끼치고 있다는 말과 함께 충동조절장애라든지 ADHD라든지 온갖 정신장애가 의심된다는 소리를 들으면 부모는 가슴이 덜컥 내려앉는다. 교사가 그렇게 말할 때 그 말을 의심하거나 재고하는 부모는 거의 없다. 교사가 아이를 정신과나 상담소에 데리고 가라고 하면 부모는 어떤 의심도 없이 곧장 실행한다. 그리고 실제로 각종 심리검사를 해 보면 진단명이 나와 부모는 한숨을 쉴 수밖에 없고 정신과나 상담소의 처방을 따를 수밖에 없다. 다만, 그때부터 아이의 이마에는 딱지가 붙으며 정신과와 상담센터를 전전하는 순례가 시작되고 부모는 부모대로 지치고 아이는 아이대로 지치는 악순환의 늪에 빠진다.

교사도 신이 아닌 이상 그의 판단이 100% 옳을 수 없다. 그래서 부모는 교사가 무슨 말을 하더라도 교사의 생각, 교사의 의견, 교사의 개인적 진단으로 여기고 정말 그런지를 냉정하게 확인해야 한다. 아이에게도 물어봐야 하고 아이를 보는 정신과나 상담소의 진단도 하나의 통로가 아니라 여러 가지 통로를 통해 살펴보아야 한다. 경우에 따라선 지극히 정상인 아이가 선입견이나 통계에 의한 희생자가 되어 환자라는 딱지를 붙여야 하는 안타까운 일이 절대로 적지 않다.

〈따뜻한 하루〉에서 메일로 보내주는 편지 중 '가만히 있지 못하는 아이'라는 글이다(2287호, 2023.1.9.).

영국 한 초등학교의 선생님이 한 소녀의 학부모에게 어렵게 말을 꺼냈다.

"두 분의 아이는 수업 중에 쉴 새 없이 움직입니다. 지난 일 년 동안 아이를 위해 많이 노력했지만 호전되지 않는 것을 보면 ADHD가 의심됩니다. 아이의 바른 교육을 위해서라도 검사를 받아보고 특수학교를 생각해 보셔야 할 것 같습니다."

다음 날 부모는 아이를 어디론가 데리고 갔다. 아이는 부모님이 자기를 특수학교에 보내지 않을까 덜컥 겁이 났다. 그런데 부모를 따라간 곳에서는 아이에게 특별한 테스트를 했다. 아름다운 음악을 켜놓고 소녀가 혼자 있도록 했다. 옆방에서 상담사와 몰래 아이를 지켜보던 부모는 깜짝 놀랐다. 춤을 배워 본 적도 없는 아이가 음악에 맞추어 근사한 몸동작으로 춤을 추기 시작한 것이다. 상담사가 부모에게 말했다.

"이 아이는 춤에 재능이 있습니다. 가만히 앉아 있게 한 것이 도리어 고통입니다."

부모는 너무도 감격해 울었다. 그리고는 아이를 댄스 연습실에 데리고 갔다. 이 아이가 바로 20세기의 가장 위대한 발레리나이자 안무가인 '질리언 린(Gilian Lynne)'이다. 2018년 92세의 나이로 세상을 떠난 그녀에 의해 〈캣츠〉, 〈오페라의 유령〉등과 같은 멋진 작품들이 만들어졌다.

| 해결 TIP | 학교는 교육기관이요 교사는 교육하는 사람이다. 완벽한 곳도 아니고 완벽한 사람도 아니다. 오류와 실수가 있을 수 있고 추구하는 가치관이 다를 수 있다. 학교에서 문제가 생겼다 하더라도 우선은 냉정하게 호흡을 가다듬고 상황부터 면밀히 살핀 후에 파악하라. |

# 정상적 사춘기도 걱정한다

"귀댁의 자녀가 사춘기를 하고 지나가기를 원하십니까? 안 하고 지나가기를 원하십니까?"

필자가 부모 교육에서 부모들(엄마들)에게 던지는 물음이다. 대개 사람들은 고개를 절레절레 흔들면서 사춘기를 안 하고 지나가기를 원한다고 한다. 필자는 이렇게 반문한다.

"무슨 큰일 날 소리를 하십니까? 사춘기를 안 하다니요? 사춘기를 안 하고 평생 피터 팬이나 양철북의 주인공처럼 살아가기를 원한다는 겁니까?"

피터 팬 신드롬(Peter Pan Syndrome)은 성인이 되어도 심리적, 정서적으로 어른이 되는 것을 거부하거나, 책임과 의무를 회피하며 어린아이

같은 행동과 사고방식을 유지하려는 상태를 의미한다. 이 용어는 제임스 매슈 배리의 소설 피터 팬의 주인공인 '영원히 자라지 않는 소년' 피터 팬에서 유래되었다. 특징으로는 첫째, 책임 회피다. 직업, 가정, 인간관계 등에서 성인이 해야 할 책임을 회피하려는 경향이 있다. 둘째, 의존성이다. 타인, 특히 부모나 배우자에게 의존하며 스스로 독립하지 못한다. 셋째, 현실 도피다. 이상주의적이고 비현실적인 목표를 추구하거나, 현실적인 문제를 회피한다. 넷째, 감정적 미성숙이다. 비판을 받아들이기 어렵고, 좌절에 대한 대처 능력이 부족하다. 다섯째, 관계의 어려움이다. 친밀한 관계에서 지속적인 헌신이나 책임감을 보여주지 못한다.

KBS 인간극장(2024년 9월 9일)에서 14살 농부 배재현 군 이야기를 잠시 보았다. 엄마의 말 중에 와서 꽂히는 말이 있었다.

"아이가 또래 아이들하고 달라요. 한창 사춘기를 할 때인데도 아이는 아빠에게 무엇이든 묻고 잘 따라요."

화면 속의 아이는 밝았고 웃는 표정에 자신감과 활력이 넘쳤다. 활력은 무기력의 상대 개념인데 무기력에 찌든 또래 아이들과 뭐가 다를까? 또래의 다른 아이들은 사춘기를 이유로 무기력과 무의미와 짜증과 분노에 찌들어 있는데 배 군은 확실한 정체성을 갖고 있었기 때문이다. 자기의 꿈은 글로벌 농부라며 농사 이야기와 농사에 관련된 능력을 갖춰 가는 게 행복하다고 했다. 경북 봉화라는 농촌이지만 아이는 그 꿈을 실현하기 위해 노력하는 점에서 어떤 도시의 아이들보다 행복하고 당당했다. 초등학교 6학년 때 이미 굴착기 운전 기능사 자격증을 취득했고 트랙터, 지게차, 이앙기 등 농기계를 다루는 실력도 뛰어났다. 주변 사람들은 이 아이를 농업 신동이라 부른다. 농기계를 스스로 관리하고 청소하며 농업에 대한 이해도 깊다. 컴퓨터 게임도 농사 관련 게임만 할 정도로 농업에 집중하고 있다.

아버지 배기화 씨는 아들이 하고 싶은 일을 하게 두는 것이 좋다고 하고 어머니 김창숙 씨는 너무 일찍 진로를 결정한 까닭에 상대적으로 학업을 소홀히 하고 또래와 어울리는 시간이 부족한 점을 걱정하고 있다. 좀 더 다양한 경험을 통해 넓은 세상을 보고 난 후에 진로를 선택해도 늦지 않겠다는 생각인데 일반적인 엄마의 걱정 아닐까? 이 아이야말로 사춘기를 제대로 하고 있다. 배재현 군을 보면 14살 아이인데도 이미 철이 제대로 든 어른남자가 보인다. 확실한 정체성은 그런 모습을 갖게 한다.

**해결 TIP** : 사춘기는 모든 자녀가 반드시 제대로 거치고 지나가야 할 인생 발달 과정이요, 소명과 사명을 찾아내는 발달과업을 반드시 이수해야 하는 때다.

# 아버지는 대체로
# 무지하다

한국의 아버지들에게 자식에 대한 교육철학을 물으면 그냥 내버려 두면 된다, 그저 사랑으로 감싸주어라, 짜장면 사 주어라, 원하는 거 다 해 주어라, 칭찬해 주라는 말만 한다. 집에서 무엇을 해야 하는지도 모르고 유대인들처럼 가족 식탁이 있지도 않고 그 가족만의 리츄얼을 갖고 있지도 않다. 아버지들이 방목한다고 착각하는 이유는 아버지의 4가지 기능 중 공급자(Supplier) 기능만이 전부라고 알고 있기 때문이다. 그 외에 보호자(Protector), 안내자(Guider), 교육자(Instructor)의 기능이 있다는 사실을 모른다.

일부 지각 있는 아버지들이 무식한 아버지 위치에서 벗어나 아버지 역할을 하려 애쓰며 선한 역만 감당하려는 것도 문제다. 현대의 아버지들은 아이를 꾸중하기를 싫어한다. 아버지가 다소 악역을 맡아 꾸중하고 야단을 치는 과정에서 우격다짐(?)이 생기는 것과 더러 '꼰대'라는 말도 감수해야 한다. 그런 것조차 하지 않을 정도의 무정한 관계가 되면 감정조차 메마른 상태가 되고 이런 일이 반복되면 부모 따로 아이 따로라는 가족관계가 된다.

상담 의뢰 시에 도움이 아니라 아예 일임하려는 경향을 보이는 부모도 많다. 유능한 상담사라면 하루아침에 아이를 바꿔주리라 기대한다. 특히 방송에 출연한 유명 상담사를 찾아갔다면 더 철석같이 믿는다. 상담사라면 누구도 그렇게 하지도 않거니와 설령 그렇게 된다고 해도 집으로 돌아가면 아이의 문제는 재발한다. 부모와의 관계 패턴이 아이를 그렇게 만들었기 때문이다. 가족치료가 등장한 것도 이런 맥락에서였다. 개인이 환자가 아니라 가족 전체가 환자라고 인식했기 때문이다.

> **해결 TIP**
>
> 아버지가 좀 더 적극적으로 나서야 한다. 아버지의 역할은 애초에 악역이다. 아버지가 어느 정도의 악역을 잘 감당할수록 엄마의 선한 역할과 조화를 이루게 된다. 아버지의 악역이 빛을 발할 때는 어릴 때가 아니라 성인이 되어 유능한 주체로 독립하게 되었을 때다. 그때에야 비로소 아버지의 역할을 재인식하고 끈끈하게 연결된다.

# 학교 공부만이
# 전부라 말한다

공부(工夫)와 중국의 쿵푸(功夫)는 같은 뿌리를 가진 말이다. 중국어 공부의 '功'은 노력, 성취를 뜻하고, '夫'는 사람이나 시간을 의미하며 어떤 일에 시간과 노력을 들여 숙련된 상태에 도달하는 것을 뜻한다. 본래 무술뿐만 아니라 예술, 학문, 요리 등 어떤 분야든 깊이 있는 기술이나 숙련을 나타내는 말이었다.

한국어 '공부(工夫)'의 '工'은 일이나 작업을, '夫'는 사람 또는 시간이 관련된 노력을 의미하는데 주로 학교에서 하는 것만 공부라고 사용되고 있다. 그것은 해방과 6.25 전쟁 이후, 이 나라가 절대 가난에 허덕이고 있을 때 학교 공부를 통해서 가난과 낮은 신분에서 벗어났던 경험으로 비롯되었을 것이다. 학교를 통한 공부는 가장 확실하고 효과적인 방법이었다. 그래서 직업을 가진다고 했을 때 화이트칼라가 가장 좋은 직업이라는 집단무의식을 작동하고 있다고 해도 과언 아니다. 그래서 한국 내에서도 블루칼라가 하는 일을 3D직업이라 하여 회피하니 외국인 노동자가 대신하고 있어 직업을 구하지 못한 청년의 실업률이 증가하고 있다. 공부가 신분 상승과 가난에서 벗어나는 수단이었지만 요즘은 부와 신분 유지의 방법도 된다. 물론, 사람에 따라 학습 중심의 공부가 체질에 맞기도 하겠지만 정 반대도 있다. 세상의 모든 것이 다 공부라는 관점에서 보면 모든 사람은 항상 공부하고 있다.

중국에서 어떤 어머니가 공부하곤 담쌓은 아이, 공부란 말만 들어도 치를 떠는 아들에게 자기가 하는 포장마차를 일주일 동안 하게 했다는 이야기가 있다. 그 아이가 일주일 동안 번 돈이 한국 돈으로 180만 원 정도였다. 아이가 새벽에 일어나 장을 보고 준비해서 장사를 했는데 장사가 잘돼서 돈을 꽤 많이 벌었다. 그 엄마는 공부가 차라리 쉽다, 몸 쓰는 일을 하지 말고 머리 쓰는 일을 하라고, 그래서 포장마차 일이 얼마나 힘든지를 깨닫고 공부에 매진하라는 의미에서 일주일 동안 시켜본 것이라고 하는데 오히려 아이는 자신의 재능과 또 좋아하는 일을 발견하게 된 경우라 부모와 합의해서 자퇴를 결정하게 되었다.

**사례** 고3 딸을 둔 부모가 있었다. 아이는 늦잠을 자고 학교에 지각하거나 무단결석을 일삼았다. 이것이 갈등의 가장 큰 이유였다. 부모는 어떻게든 고등학교는 졸업시키려고 했고 아이는 학교를 갈 이유가 없다며 버텼다. 상담을 통해 보니 아이는 학교 공부, 즉 학습은 체질적으로 맞지 않고 손을 움직이며 사람 만나는 것을 좋아했다. 결국, 아이는 자퇴하고 검정고시로 고등학교를 졸업했고 자퇴 후 미용학원에 등록해서 미용 기술을 배우기 시작했다. 학원 다닐 때 아르바이트도 했는데 미용학원을 가거나 알바를 할 때는 한 번도 지각하는 일이 없었다. 그 부모가 나중에 그랬다.

"저희가 아이를 우리 안에 가둬놓고 제한하려 했던 게 잘못이었다는 걸 깨달았습니다. 저희로선 학교 공부가 전부였거든요. 차라리 아이가 저 방향으로 갈 것을 중학교 때부터 인정하고 도와줬더라면 고등학교 3년 동안 코피 터지게 싸우진 않았을 텐데… 후회됩니다."

**해결 TIP** 공부가 체질인 아이에게는 학교 공부가 전부라 해도 거부하지 않을 것이다. 그러나 공부가 체질이 아닌 아이에겐 학교 공부를 강요하는 것도 피차 힘겹다. 아이 성향을 잘 파악해서 공부할 아이는 공부하게 하고 그렇지 않은 아이는 다른 공부를 하게 하라.

## 자녀를 심리적 고아로 만든다

심리학에 발달단계라는 말이 있다. 아이의 신체적 성장단계에 따라 심리발달도 필요하다는 것인데, 신체적 성장보다 심리적 성장이 더디거나 멈추면 발달장애라고 한다. 아이가 발달단계에 맞게 성장하듯 부모도 발달단계에 맞는 역할을 해야 한다. 과잉적 부모도 문제이지만 연약한 부모, 허약한 부모도 문제다.

아이는 갓난아기 때 엄마를 통해 절대 돌봄 속에서 성장한다. 외부의 위험을 걱정할 필요가 없다. 그러나 보행을 시작하고 운동력이 생기면 자기탐사를 하고 그 방향이 외부로 향한다. 그러다 사춘기가 되면 어느 정도의 기능을 갖춘 상태가 되고 자기만의 무언가를 시도할 때다. 그래도 아직은 미숙하니 많은 실수를 하겠지만 사춘기는 실수를 허용해 줄 때다. 실수를 통해서 배울 수 있는 까닭이다. 사춘기엔 실수를 하지만 어른이 되어선 실수하면 안 된다. 아이가 실수할 때 기준이 되고 원칙이 되고 수리하는 곳이 되고 보완하는 장소가 되려면 부모의 분명한 원칙과 기준이 필요하다. 이때 아이에게 휘둘리는 부모는 폭풍 속에 든든히 서 있는 등대가 아니라 파도에 떠다니는 등대가 된다. 아이들은 정신적 지주와 중심을 잃어 심리적 부모, 정신적 부모를 잃은 고아가 된다.

《십대라는 이름의 외계인》 저자이자 치유심리학자이며 독서 치유 상담사인 김영아 교수는 '비행 청소년'이라도 꼬박꼬박 집으로 들어가는 아이는 문제가 해결될 수 있다고 한다. 왜냐하면 그 집은 그래도 아이에 관한 기본적 관심은 있기 때문이다.

**해결 TIP**  가정엔 사랑이 있고 관심이 있다. 부모로서의 기준과 원칙이 있고 삶의 철학이 있다. 그래야 등대다. 그러니 연약한 부모는 마음을 강하게 먹어야 한다. 아이가 태어날 때 부모도 남편과 아내에서 아빠와 엄마로 탄생했고 사춘기가 되면 다시 한번 아버지와 어머니로 재탄생해야 한다.

# 나쁜 친구 탓으로
# 투사한다

　부모들이 하는 말 중에 우리 아이는 참 괜찮은데 나쁜 친구를 만난 후부터 행동이 바뀌었다고 한다. 그 나쁜 친구의 부모도 똑같은 말을 한다. 좋은 친구와 나쁜 친구의 구분은 부모가 하는 것이지 아이가 하는 게 아니다. 아이에겐 그냥 친구일 뿐이다. 좋은 친구 나쁜 친구의 개념이 아니라 친한 친구와 덜 친한 친구의 구분이 있을 뿐이다.

　아이의 친구는 내 아이의 거울이다. 친구를 보면 그 사람을 안다는 말과 동일하다. 유유상종(類類相從)이라 같은 종류끼리 모이기 마련이다. 그래서 내 아이의 친구가 어떻게 했다는 말이 전체가 될 수 없다.

　누구나 다른 사람과 조금 다른 면이 있다. 그리고 아이들은 저마다 다른 잠재력과 특성을 가지고 태어난다. 하지만 그 차이점이 틀린 것이 아니다. 그걸 부모가 생각하는 기준과 다르다고 틀린 것으로 판단하지 말라. 오히려 그 차이점이 장점을 부각하는 원동력이 되어줄 수도 있다.

**해결 TIP** : 내 아이가 문제를 일으키는 건 내 아이의 문제이지 나쁜 친구 때문이 아니다. 물론, 때에 따라 친구의 영향을 받긴 하겠지만 그것을 수용하는 주체는 내 아이다.

## 아이들의 말이라면 곧이곧대로 믿는다

　아이들이 감정이나 생각을 말할 때 부모들은 의심 없이 하나의 기정사실로 받아들인다. 부모 때문에 속상했다, 화가 났다, 상처받았다는 말을 들으면 미안해서 어쩔 줄 몰라 한다. 어쩌면 이것은 자녀들의 말을 경청해 주라는 얘기를 너무 많이 들어서 생긴 현상일 것이다. 아이들은 원래 변덕이 심하다. 감정의 기복도 심하다. 그래서 아이들이다. 사춘기를 제대로 맞이해서 소명과 사명을 확립했다면 모르겠거니와 그렇지 않다면 눈에 좋아 보이는 것은 다 갖고 싶고, 부와 인기를 얻는 연예인, 인플루언서가 되고 싶어 한다. 견물생심(見物生心)은 지극히 자연스러운 인간의 보편적 특성이다. 또, 호기심이 발동되어 이것저것 다 해 보고 싶은 것도 지극히 정상이다. 그렇다고 그 모든 것을 다 응해

줄 필요는 없다. 응해 줄 건 응해 주되 거절할 것은 거절해도 된다. 단, 거절할 때는 논리와 근거를 통해서 안 되는 이유를 명확히 알려주면 된다. 그럴 때도 무조건 일방적으로 단언하기보다 질문을 통해서 스스로 깨닫게 하는 방식이 좋다. 질문은 긍정문이 좋다.

"어떤 부분에서 상처받았니?"

"그렇게 한다면 그다음에 무슨 일이 일어날 것 같니?"

"맨날 집에서 스마트폰만 만지작거리고 있으면 그다음엔 어떤 일이 생길 것 같아?"

질문을 했다면 반드시 대답하게 하라. 아마 질문을 하면 "몰라"라든지 "내가 알아서 한다고"라는 식으로 나올 것이다. 회피에 불과하다. 잠깐 물러났더라도 차후에 끝까지 물어라.

"그다음 다음에는 어떤 일이 생길까?"

이 말은 유대인 부모들이 자주 쓰는 질문이다. 아이의 황당한 말이나 무리한 요구에도 일단은 그 말 자체에 Yes라고 해 놓고 그다음에 이 질문을 던진다. 아이는 미처 예상하지 못한 영역을 부모의 질문을 통해 생각하면서 생각이 미숙했거나 짧았음을 시인하고 욕구를 스스로 철회한다. 부모 탓에 거절당하면 반동효과로 인해 더 하고 싶은 욕구가 커지지만 스스로 깨닫고 철회할 땐 그렇지 않다. 예를 들어 사춘기 자녀가 호기심에 의해 담배를 피워보고 싶다고 한다면 어떻게 질문할까? 아이는 그냥 호기심에 의한 충동적인 말일 수 있는데 기정사실로 받아들이지는 말아야 한다.

"담배를 피워보고 싶다고? 호기심이 발동한 모양이네. 그래. 담배를 피우려면 뭐부터 해야 할까?"

"일단 담배부터 사야죠."

"너는 미성년자라서 담배를 못 살 텐데 어떻게 해야 할까?"

"부모님이 사 주시면 안 될까요?"

"그래. 담배를 우리가 사 준다 치고…. 담배의 어떤 점이 좋아 보여 피우겠다는 거야?"

"스트레스가 풀릴 것 같아요. 멋있어 보이기도 하고요."

"스트레스가 풀릴 것 같고 멋있게 보여서라고(copy하기)? 그럴 수도 있겠네(인정하기). 그런데(but), 그렇게 해서 네가 그렇게 담배를 피우기 시작하면 어떤 일이 생길까?"

"냄새도 나고 기침도 하고 그러겠죠."

"그렇겠지. 너에게서 냄새가 나고 기침도 하고 아저씨 냄새가 나면, 그러면 친구들은 어떤 반응을 보일까?"

"다들 저로부터 멀어질 거예요. 주변에 친구가 하나도 없을지 몰라요."

"그럼 넌 많이 외롭지 않을까? 또, 미성년자가 담배를 피우게 되면 뇌가 돌처럼 굳어진다는 이야기가 있어. 네가 지금 담배를 피우게 되면 그렇게 된다는 건데 어떻게 생각해?"

"아. 머리가 돌 되는 건 싫은데…"

"게다가 담뱃값은 어떻게 충당할까? 너의 의식주 비용은 부모인 우리가 부담하는데 담배는 기호식품이고 네 취향 문제야. 우리는 너에게 담배를 피워달라 부탁한 적도 없는데 말이야. 옵션에 해당하는 것이라면 네가 스스로 비용을 부담해야 하는 거 아닐까?"

"제가 알바라도 해야겠네요."

"그래야 되겠지? 근데 요즘은 전자담배 핀다며 마약을 핀다는 이야기가 심심찮게 들리는데, 거기에 대해선 어떻게 생각해?"

"전 마약 할 생각 없는데요."

"네가 마약 할 생각 없어도 건네받은 액상에 마약이 함유된 것일 수도 있어. 자기 의도와는 상관없이 마약을 접하게 된 경우도 많거든. 그런 일이 생긴다면 어떻게 될까?"

이런 식으로 계속 질문으로 응수해야 한다.

"아직 제가 담배 피우긴 이르네요. 나중에 어른 되면 피울까를 생각할게요. 그때 가서 결정해도 늦지 않을 것 같아요."

아이 스스로 이렇게 말을 하면 지킬 가능성은 다분히 높아진다. 그러나 무조건 금지하고 꾸중하면 아이는 단지 자신의 호기심, 순간적인 충동을 말했을 뿐인데 졸지에 나쁜 아이라는 딱지를 받는다.

"머리에 피도 안 마른 녀석이 담배는 무슨! 머리에 뭐가 들었냐?"

"공부도 못 하는 것이 담배는 얼어 죽을 놈의 담배. 그런 거 궁리할 시간에 공부나 더해 봐라."

# 동기부여를
# 잘 못한다

한국 부모는 동기 부여하는 일을 잘 못한다. 특히 아버지들은 자녀의 실망스러운 행동을 보면 아예 외면하거나 포기하는 말을 쓴다. "다 필요 없어. 독립해서 나가라 그래.", "싹수가 노란데 뭘 하겠어?" 이렇게 비난과 단정의 언어를 쓰지만 그 이면에는 '실망했다', '이 상황에서 나도 어떻게 해야 할지 모르겠다'는 뜻이다. 정작 본인도 사춘기 시절에 동기부여를 못 받아보았을 것이다. 그래도 어찌어찌 지금에 이르긴 했지만, 막상 자식에게는 어떻게 할 지를 더 모른다.

한국의 부모들은 동기부여의 방법으로 칭찬과 인정을 생각한다. 이들은 대체로 "칭찬은 고래도 춤추게 한다."와 같은 말을 신봉한다. 물론, 칭찬과 인정은 사람의 마음을 움직이는 발전기다. 그런데 칭찬도

시기와 방법을 모르면 도리어 독이 될 수 있다. 필자는 이렇게 말한다. "칭찬은 고래도 춤추게 하는 게 맞습니다. 그런데 귀댁 자녀의 지능 수준이 고래 정도라면 칭찬만 하십시오."

최근엔 도리어 칭찬의 역효과에 관한 연구들도 많이 나오고 있다. 스탠퍼드 대학교의 캐럴 드웩(Carol Dweck) 교수는 초등학생들을 대상으로 한 연구에서, 지능을 칭찬받은 아이들이 도전에 대한 두려움과 실패 회피 경향을 보인다는 결과를 발표했다. 아이들이 '똑똑하다'는 평가를 유지하기 위해 어려운 과제를 피하려고 했던 것이다. 2015년 암스테르담 대학교 연구팀도 부모의 과도한 칭찬이 아이들의 자아도취 성향을 높일 수 있다는 연구 결과를 발표했다. 이 연구는 부모의 지나친 칭찬이 아이들에게 비현실적인 자기 인식을 심어줄 수 있다는 점을 강조하였다.

칭찬할 때 가장 많이 쓰는 말이 "잘했어."인데, 이 말은 "못했어"라는 상대어를 지닌 평가적 언어다. 그래서 어떨 땐 칭찬을 들어도 칭찬으로 느껴지지 않는 경우가 있고 칭찬이 부담으로 느껴질 때도 있다. 《교사의 말 연습》 저자 김성효는 《경쟁에 반대한다》의 저자이고 교육학자인 알피 콘이 제시하는 4가지 칭찬법을 소개하고 있다. 첫째, 말 없이 지켜보기, 평가의 의미를 담은 "잘했어"라는 말 대신 그저 말없이 아이를 지켜보고 있음을 알게 하라고 한다. 둘째, 보고 있는 것을 설명하기, 예를 들어 아이가 그림을 그렸을 때 "와, 잘했네,", "멋지네."라는 말 대신 "보라색으로 칠했구나", "따뜻해 보이는구나."처럼 눈에 보이는 그대로를 설명하라고 한다. 셋째, 본 것을 바탕으로 질문하기, 아이가 그린 그림을 보면서 "왜 들판을 보라색으로 칠했니?"처럼 객관적인 관찰의 질문을 하라고 한다. 넷째, 과정을 물어 보기, 결과보다 과정에 초점을 두어야지 재능이나 타고난 머리를 칭찬할 경우, 아이는 자신이 잘한 것이 머리 때문이라고 믿게 되어 노력해서 얻는 성과가 아니라 요행을 기대하게 만든다고 말한다.

그렇다면, 동여 부여를 어떻게 할까?

첫째, "Why don't you…?"라는 질문이다. 방향을 잡지 못할 때 누군가 방향을 권유하는 말을 해 주면 고맙다. 부모는 아이들에게 권유할 충분한 자격을 가지고 있다. 자녀가 바로 수용하지 않는 듯해도 듣고 생각한다. 그것을 통해 기존의 생각과 행동을 고치면 아이는 한층 성숙해진다. 권유형, 청유형 문장은 명령형이 아니다. 명령은 선택권을 내가 가졌지만 권유는 선택권까지 넘겨주는 말이다.

둘째, 기적 질문이 있다. NLP심리학에선 긍정문을 통한 기적 질문을 사용한다. 사람은 부정적인 부분을 지적받을 때보다 긍정적인 부분을 인정받을 때 행동을 더 빨리 고치는 경향이 있다. 이것을 행동주의 심리학에서는 강화 이론(Reinforcement Theory)이라고 한다. 칭찬, 보상, 인정 등의 긍정적 피드백은 뇌에서 도파민(Dopamine)을 분비하게 하여 동기부여를 촉진한다고 알려져 있다. 물론 지적을 받아도 겸허히 받아들이는 사람이 있는데 그런 사람은 극히 드물고 내적 수준이 아주 높은 사람이다.

"다이어트를 시작해서 실패하면 어떡하지?"

대신, 이렇게 묻는다.

"네가 다이어트에 성공하면 어떤 일이 생길까?"

여름에 해수욕장을 뽐내듯 걸어갈 수 있다, 살이 쪄서 못 입었던 옷들을 다시 입을 수 있다, 맵시나는 옷을 살 수 있다, 남들의 부러움을 받는다, 건강해진다, 자신감이 넘친다. 기분이 좋다…. 그 외에도 다이어트 성공으로 생기는 긍정적인 결과를 나열해 보게 하고 그 기분을 느끼게 한다.

이지성의 《꿈꾸는 다락방》에서도 VD=R이라는 공식을 제시했다. 분명한 꿈(Vivid Dream)은 현실(Reality)이 된다는 공식이었고 수많은 사람이 그 공식에 의해서 성공했다고 말한다.

"네가 원하는 **이 되었다고 하자. 어떤 일이 생길까?"

"네가 이번 수능에서 고득점자가 되었다면 어떨까?"

"네가 출전하는 대회에서 금메달을 딴다면 어떤 일이 생길까?"

"네가 출전하는 피아노 콩쿠르에서 최우수상을 받는다면 어떤 일이 생길까?"

"이번 중간고사에서 네가 생각하는 그 목표에 달성했다면 어떤 기분일까?"

"복권에 당첨되었다거나 혹은 평소 알지도 못했던 먼 친척이 부자인데 상속받을 대상을 찾다가 가장 가까운 혈육이 너라면서 거액의 재산을 상속해 준다면 넌 무엇부터 할래?"

셋째, 미래 일기를 쓰게 하는 것도 좋다. 지금부터 10년 뒤, 20년 뒤, 30년 뒤, 40년 뒤, 50년 뒤의 내가 오늘의 일기를 쓰는 것을 전제로 하고 원하는 목표가 완전히 이루어졌다고 상상한 후 마치 현실처럼 쓰는 일기이다. 필자가 챗GPT에게 지금 15세인 사춘기 남자아이와 여자아이의 10년 후 미래 일기를 표본으로 보여달라고 했더니 이렇게 응답했다.

2035년 6월 10일, 저녁 8시

회사에서 퇴근하고 집에 도착했다. 피곤한데도 샤워하면서 오늘 하루를 다시 떠올려봤다. 요즘 나는 영상 콘텐츠 기획자로 일하고 있다. 대학교 때 유튜브 편집을 하다가 관심이 커져서 이쪽으로 취업하게 됐다. 처음엔 막막했는데, 이제는 촬영부터 편집까지 다 할 수 있다.

오늘 회사에서 새로운 프로젝트 브리핑이 있었다. 처음엔 긴장했는데, 다행히 팀장님이 내 아이디어를 칭찬해 주셨다. 솔직히, 대학 졸업할 때까지만 해도 내가 진짜로 하고 싶은 일이 뭔지 몰랐는데, 이렇게 하나씩 해나가면서 조금씩 내 길을 찾아가는 기분이다.

저녁은 간단히 시켜 먹었다. 원래 부모님 댁에 들르려 했는데, 피곤해서 이번 주말로 미뤘다. 엄마가 "밥 잘 챙겨 먹고 다니냐?"고 카톡을 보내셨다. 역시 부모님은 변함없다.

그다음 주말에는 친구들이랑 오랜만에 여행을 가기로 했다. 다들 바쁘다 보니 자주 못 만나지만, 가끔 이렇게 모이면 예전처럼 신나게 떠들고 웃는다.

이제 자기 전에 잠깐 기타나 쳐야겠다. 10년 전만 해도 기타는 그냥 취미였는데, 요즘은 혼자 연주하면서 생각 정리하는 시간이 참 좋다.

2035년, 나는 아직도 배워가는 중이다. 그리고 앞으로 더 많은 걸 경험

할 거라는 게 꽤 기대된다.

2035년 6월 10일, 밤 11시

오늘은 연구실에서 좀 늦게 나왔다. 대학원 졸업 논문 마감이 다가와서 요즘 정신이 없다. 그래도 연구하는 건 여전히 재밌다. 난 결국 일러스트레이션과 디자인을 전공했고, 지금은 대학원에서 '감성 디자인' 관련 연구를 하고 있다.

퇴근길에 잠깐 카페에 들러 노트북을 켰다. 연구 외에도, 난 지금 프리랜서 일러스트레이터로도 활동 중이다. 예전부터 SNS에 그림을 올리기 시작했는데, 어느 순간 사람들이 내 그림을 좋아해 주기 시작했다. 지금은 몇 개의 브랜드와 협업도 하고, 가끔 전시도 연다.

어릴 때부터 그림 그리는 게 좋았는데, 진짜 직업이 될 줄은 몰랐다. 부모님도 처음엔 걱정하셨지만, 지금은 누구보다 응원해 주신다.

요즘 고민은… 박사 과정으로 갈지, 아니면 회사에 들어갈지다. 사실 교수님은 연구를 더 해 보라고 권하시는데, 나는 실무 경험도 쌓아보고 싶다. 고민이 많다.

집에 돌아오니 벌써 11시가 넘었다. 침대에 누워 폰을 보다가, 어릴 때 엄마 아빠랑 여행 갔던 사진을 발견했다. 그때는 마냥 즐거웠는데, 지금은 그리운 느낌이 든다. 부모님과 여행을 가본 지 오래된 것 같다. 이번 여름엔 꼭 시간을 내서 가야겠다.

하루가 길었지만, 그래도 좋은 하루였다. 내일은 더 나은 하루가 되길 바라며, 이제 잠자리에 든다.

# 3장
# 사춘기 자녀 멘토링 하기

사춘기 자녀는 미완의 단계라 말과 행동이 아직 미숙하다. 억지와 왜곡된 행동은 논리와 근거로 반박해야 하고 의기소침할 때는 격려하고 용기를 북돋아 줘야 한다. 품으로 안을 때가 있고 품에서 내보낼 때가 있고 실수를 눈감아주며 해결해 줄 때가 있고 전적으로 책임을 질 때가 있다. 적절한 시기와 방법은 부모의 능력에 달려있다. 무조건적인 포용과 공감도 위험하고 무조건적인 지적과 닦달도 위험하다. 멘토링의 기술에는 공감(Empathy)과 이해, 경청(Active Listening)과 질문 기술, 신뢰 구축(Trust Building), 감정 조절(Self-Control), 동기 부여(Motivation)가 있다. 거기에 반박의 기술, 타이름의 기술, 설득의 기술, 스토리텔링의 기술을 추가할 수 있다. 이제 그런 멘토링의 기술을 활용할 사춘기 자녀를 둔 부모 파이팅!!

# 네가 하는 말은
# 억지 아닐까?

어떤 엄마가 필자의 코칭을 통해 아이와의 대화를 녹음해 두었다가 이삼일 지난 후에 아이에게 들려주었다. 아이에게 자기 말투를 직접 들어보라는 취지였다. 지극히 일상적인 말투인지, 요청하는 말투인지, 명령하는 말투인지, 짜증이 잔뜩 섞인 말투인지, 또 의견을 묻는 말투인지, 이미 답을 정해놓고 추궁하는 말투인지 확인해 보라고 했다. 아이는 직접 자기가 했던 말을 들어보고는 놀랐다. 그리고 며칠 후 그 엄마는 아이로부터 처음으로 사과를 받았다.

사춘기 자녀가 쓰는 언어는 논리라기보다 억지에 가깝다. 억지란 '생각이나 주장을 무리하게 내세우거나, 잘 안될 일이나 해서는 안 될 일을 기어이 해내려는 고집'이다(daum 사전). 억지의 상대 개념은 논리인데, 논리가 성립되려면 타당성(validity)과 신뢰성(reliability)이 있어야 한다. 억지가 아이들만의 특성은 아니다. 어른이 되었음에도 억지를 부리는 이들도 적지 않다. 억지는 어릴 때 감정을 효과적으로 조절하는 법을 배우지 못했거나, 자존감이 낮은 사람이 자신의 가치를 증명하기 위해 자신의 환경이나 주변 사람들을 통제하려는 강한 욕구의 표현이다. 또는 어렸을 때 고집을 피워 효과를 보았거나, 의사소통이나 협상 능력이 부족하거나, 타고난 기질이 극단적 내향성이거나, 강박적이거나 완벽주의를 추구하는 사람들도 억지를 부린다.

사춘기 자녀들은 자기가 억지를 부리면서도 억지를 부린다고 생각하지 않는다. 자기는 옳고 다른 사람은 틀렸다는 이분법적 생각에서 완전히 벗어난 때가 아닐뿐더러 권리는 100% 갖고자 하면서 의무는 0%만 하겠다는 발상에서 나온다. 이런 특성은 조급함으로 연결되기도 한다. 마치 갓난아기 때처럼 자기가 원하는 모든 것들이 즉시 충족되기를 바라는 특성이다. 그래서 억지를 넘어 악다구니를 쓰는 일도 발생한다. 아무리 그래도 부모는 협상과 조율은 수용하지만, 고집과 억지는 응하지 않겠다는 태도를 분명히 보여야 한다.

"네가 원하는 게 있을 때 협상과 조율의 태도로 오면 응해주지만, 고집과 억지라고 판단될 때 우리는 응하지 않을 거야. 그건 우리가 안 해주는 게 아니라 네 말투와 태도로 인해서 네가 받을 권리를 받지 못한다는 뜻이야."

그리고 조곤조곤 타이를 필요가 있다.

"조율이란 악기의 음을 맞추는 작업이야. 연습이든 공연이든 악기를 써야 할 때 반드시 해야 하는 첫 작업이지. 너는 이제 너 자신을 스스로 조율할 수 있는 나이가 되었어. 나아가 협상이란 서로 대립한 상황에 서로가 좋은 결과를 산출하는 방법이야. 기업에선 아주 중요한 부분이지. 자! 어떻게 하면 너도 좋고 우리도 좋은 결과를 산출할 수 있을까?"

그리고 조율과 협상이 거절이 아니라 아이의 상황과 입장을 증명할 기회가 된다는 것도 알려야 한다. 부모만이 해 줄 수 있는 참교육이다.

"사람이 살다 보면 아무리 가까운 사이라도 오해가 생길 수 있어. 괜한 일로 가족들로부터 오해를 받는다면 아주 속상하겠지. 그럴 때 너는 너의 상황, 입장, 어떤 사건의 전말 등 필요한 정보를 충분히 제시하여 오해를 풀 수 있어야 해. 사과할 부분은 사과하고 사과받을 부분은 사과받아서 억울함을 풀어야지. 그러니 조율과 협상의 기술을 꼭 익히길 바라."

# 부모를
# 니네들이라고?

사춘기 자녀가 부모와의 대화 중에 부모를 "니네들!"이라고 직접화법으로 표현한 적이 있다. 그렇게 말한 이유는 자기가 부모와는 다른 존재요 독립적인 주체임을 인식했다는 뜻이다. 또한 부모와 자기를 동일한 선상에 놓았다는 것이고(형평강박), 심리적으로 거리감을 느낀다는 뜻이고 불만이나 불평이 누적되었다는 말이다. "니네"가 아니라 "니네들"이란 복수를 사용한 것은 부모를 다른 여느 부모들과 같은 그룹으로 처리했다는 의미도 된다. 아마 또래들 사이에서 부모를 지칭할 때 "지네들"이라고 표현하던 것을 자기도 모르게 직접화법으로 표현하는 것일 수도 있다. 단지, 부모만을 지칭하는 것이 아니라 승자독식의 사회, 획일화된 사회, 자신들을 서열화시킨 어른들까지 묶어 표현하는 불만이기도 할 것이다.

"니네들"이라고 말할 때는 어른이나 윗사람이 아랫사람을 꾸중하거나 훈계할 때 쓰는 말이다. 잘한 일을 칭찬하거나 보상할 때는 그 말 대신에 "너희들"이라고 한다. "니네들"이란 말의 뉘앙스가 상대방을 낮잡아 부르는 것으로 느껴질 것이다. 마치 조선시대에 상전이 노비를 불러놓고 추궁할 때나, 서양에서 저택의 주인이 집사와 하인을 추궁할 때 쓰는 말이다. 상전이 지시한 것을 즉각 이행하지 않았거나 제대로 하지 못했을 때 쓴다.

부모가 자녀로부터 그런 말을 들을 땐 정말 아득한 절망감에 빠질 것이다. 때로는 말문이 턱 막힐 수도 있다. 그렇다고 아무런 반응을 하지 않으면 그게 암묵적 동의로 처리가 되어 아이는 그렇게 말해도 되는 줄로 받아들인다. 그 말을 듣고 속상하고 화가 나는 마음을 표현해야 한다. 그 타이밍은 바로 표현하기보단 격앙된 감정이 안정되었을 때 하는 것이 좋다.

"너, 조금 전에 우리에게 '니네들'이라고 하더라(앞의 상황 짚기). 정말 그때는 말문이 막히고 부모로서 자괴감이 들더라. 살고 싶지 않다는 생각이 들 정도였어(부모의 감정 말하기). 그런데 부모가 아무리 기준치 미달이라도 자식으로부터 '니네들'이란 말을 들어야 할 이유가 있을까?(질문하기). 여기에 대해 넌 어떻게 생각해?(질문하기)"

질문을 던졌다면 꼭 그 자리에서 대답을 듣지 않아도 된다. 아이가 생각하게 하는 질문이니 생각할 시간을 주어야 한다. 그리고 그 말이 옳지 않은 행동임을 분명히 알려주어라.

"네가 부모를 향해 '니네들'이라고 말한다면 네가 부모보다 위에 있고 부모를 심판하는 위치에 섰다는 뜻이야. 네가 부모를 심판할 정도로 인생을 오래 살았어? 부모보다 나이가 많아? 부모보다 학력이 높아? 부모보다 경제력이 높아? 판단력이나 지혜가 커? 설령 그 모든 면에서 네가 월등하다고 해도 부모를 향해 '니네들'이란 말을 쓰는 건 옳지 않아."

그리고 부모는 그렇게 표현한 아이의 밑 마음을 탐색하고 다가갈 필요가 있다. 부모도 부모 역할이 처음이라 완벽할 수 없다. 원치 않아도 오해와 불만이 생길 수 있다. 또 평소 생활 습관과 말투가 아이에게 거울처럼 작용했을 수도 있다. 그래도 가족은 가족이라 서로 연결되어야 한다. 아이에게도 다가갈 필요가 있다. 겉으로 드러난 말과 행위에 초점을 두지 않고 그 밑에 숨겨진 마음, 의도, 본뜻을 찾아가는 메타 커뮤니케이션(Meta Communication)을 시도할 때다.

"네가 그런 말을 쓸 때는 뭔가 불만이 있다는 뜻이고 불만은 네가 원하는 것을 우리가 응해주지 않았다는 뜻이기도 할 거야. 그렇다면, 네가 혹 바라는 것이 무엇이었니?"

그렇게 물었을 때 나온 대답이 아무리 황당하다 해도 그 자체를 받아주는 작업은 필요하다. 즉각 훈계하거나 교정하려 말고 다른 질문으로 접근하고 스스로 깨닫게 해야 효과적이다.

## 공부를 포기했다고?

"난 공부를 포기했어."

이 말은 주로 학업 성취와 관련된 좌절이나 반항의 태도이다. 이것은 반복된 실패 경험, 즉 시험이나 학업에서 반복된 실패를 경험한 아이들이 더 이상 노력해도 결과가 나아지지 않을 것이라고 단정을 지은 데서 기인한다. 또, 공부해야 하는 이유를 모르기 때문이고 학교와 학원 등으로 내몰린 과도한 학업 스트레스 때문이기도 하다. 혹은 부모들의 학업 압박에 반항하거나 독립심의 표현으로 이렇게 말할 수도 있다.

"이번 생은 끝났어!"

공부를 넘어 생까지 포기했다고 한다면 공부뿐만 아니라 삶 전반에 대한 좌절감이나 무력감을 표현한 것이다. 무엇보다 자신의 노력에도 불구하고, 성공적인 결과를 얻지 못할 것이라는 두려움과 불안감이 작용한다. 성적, 진학, 직업에 대한 기대치에 부응하지 못하는 무력감이다. 심리적 기저에는 자기 비하와 낮은 자존감이 깔려 있어 해도 안 될 거라는 부정적 사고에 함몰되어 있다. 아니면 학업, 친구 관계, 가정 내 갈등 등으로 인해 자존감이 낮아진 상태일 수 있다.

한국의 입시와 취업은 치열한 경쟁 구도에 있고 실패는 곧 낙오로 처리되기도 하고 동시에 비교하는 문화가 그런 생각을 부추긴다. 사춘기를 넘어 청년이 되어서도 여전히 이 상황에서 벗어나지 못하면 그 좌절감은 더 클 수밖에 없고 7포(연애, 결혼, 출산, 취업, 내 집 마련, 인간관계, 꿈) 세대를 넘어 N포 세대의 일원이 된다.

생각과 느낌에는 윤리가 없다. 다만, 그 생각과 느낌을 행동으로 표현했을 때는 거기에 대한 책임을 져야 한다. 사춘기 자녀가 이런 표현을 해 온다면 도움 요청의 신호라는 것도 감지해야 한다. 자신을 이해해 달라는 무의식적인 외침임과 동시에 자기도 이 상황을 어떻게 할지 모른다는 도움 요청이다. 생각과 느낌은 언제라도 그 자체로 받아주면 된다. 지금 아이의 생각과 느낌은 아이의 것이다. 옳고 그른 것은 없다.

"네가 공부를 포기했다고 하니 안타깝다. 순간적으론 앞이 캄캄했다(부모의 감정 말하기). 그렇게 말하는 너는 얼마나 허망스럽고 절망스럽고 한심하고 안타까울까? 뭔가 시도를 했는데 좌절되었거나 기대했던 것보다 형편없는 결과나 반대의 결과가 나와서 실망했다는 뜻이겠지? 네가 그렇게 느꼈다면 그만한 이유가 있겠지. 어떤 부분에서 그렇게 느꼈어?(질문하기)"

이때 아이가 무슨 말을 하든, 그 말 자체를 받아주는 작업이 필요하다. 공감과 인정하기는 이럴 때 필요한 기술이다. "요즘 정말 많이 힘들구나."라는 공감의 언어가 아니더라도 "그럴 수 있겠다. 네 마음이 이해된다."라는 인정하기(validating)는 필요하다.

많은 경우 자녀는 공부해야 하는 이유도 모르는 채 막연히 학교와 학원으로 내몰린다. 부모도 자녀가 공부해야 한다는 당위성만 있지 공부를 해야 하는 이유를 구체적으로 설명 못 한다. 필자는 싸가지 코칭을 의뢰해 온 부모님들에게 '공부해야 하는 10가지 이유'를 출력해서 자녀와 함께 읽어 보라고 제시해 준다(필자의 《왕이 된 자녀 싸가지 코칭》에 자세히 수록되어 있다.). 이것은 권유의 기술이다. 어떤 정보, 논리, 근거를 제시해 줌으로써 아이가 내면화할 수 있도록 돕는 방법이다.

사실, 학교 공부도 아이가 자기효능감을 느끼는 하나의 방법이다. 공부를 효율적으로 하는 과정을 통해 인생을 사는 방법도 배울 수 있다. 공부가 문제 아니라 공부만을 강조하는 게 문제고 맹목적인 공부가 문제일 뿐이다. 성적이 바닥일지라도 지금 수준에서 할 수 있는 것부터 시작하는 게 좋다. 자녀의 능력치가 10이라면 12 정도의 난이도를 제시해서 학습하게 하고 그 정도의 성취를 이루게 하는 것이 좋다. 능력치가 10인데, 20, 30 이상을 요구하면 도전 의욕 자체가 꺾인다.

포기의 상황에서 벗어난 이야기를 들려주는 것도 좋다. 스토리텔링도 권유의 기술에 해당한다.

"우리 지난번에 〈명량〉 영화 본 거 기억나? 이순신 장군이 했던 유명한 말이 있었지. '신에게는 아직 12척의 배가 남아있사옵니다.' 이순신 장군은 좌절하지 않았을까? 두렵지 않았을까? 객관적으로 보면 누가 봐도 승리는 불가능했어. 조선 수군에겐 12척의 판옥선만 있었고 일본 수군의 배는 최소 130~333척이었다고 해. 최소로 잡아 130척이었다 해도 10배가 넘는 숫자야. 그러나 그가 두려워했던 건 그런 상황이 아니라 군사들의 절망과 두려움이었어. 그래서 그는 '두려움을 용기로 바꿀 수만 있다면…'이라고 되뇌며 좌절을 딛고 일어서는 방법을 궁리했어. 거기에 비하면 네가 공부를 포기했다고 말하기엔 너무 성급한 게 아닐까? 아직도 인생 준비 기간에 있는데 말이야. 우리나라 사람들이 제일 존경하는 역사적 인물이 그렇게 멋지게 승리했다면 너도 그럴 수 있으리라 믿어."

# 넌 왜 입만 열면 불평일까?

사춘기 자녀는 불평이 많다. 입만 열면 불평일 때가 대부분이다. 말마다 짜증 섞인 어두고 대답은 퉁명스럽거나 시큰둥하다. 환한 미소 가득한 얼굴 대신 화난 얼굴만 하고 있거나 귀찮아 죽겠다는 표정에 영혼 없는 눈빛이다. 얼굴로 말한다. 얼굴의 어원은 얼(정신)+울(울타리)이 합해진 말로 그 사람의 내면을 드러내고 있는 계기판이다. 불평 가득한 얼굴은 내면이 자기중심적이고 얕다는 것, 타인과 세상에 대하여 적대적이라는 증명이다.

물론, 사춘기 자녀들이 입만 열면 불평을 늘어놓는 이유를 좋게 해석하면 사춘기의 심리적, 생리적 변화와 맞물려 있다는 것이다. 이 시기의 불평은 자기를 찾아가는 과정에서 자기와 주변 환경에 대한 정립이 안 되어 있어서다. 생리학적 관점에서는 호르몬 변화에 따른 감정 기복이기도 하고 자기의 욕구나 요구를 표현하는 방식이 미숙해서이기도 하다. 또한 학습피로증후군이나 또래들과의 관계에서 생긴 갈등으로 인해 스트레스 지수가 높아서이기도 하다. 거기에 부모의 과도한 기대와 압박이 더해진다면 더더욱 그럴 것이다.

사춘기 자녀가 입만 열면 불평하는 심리적 이유를 냉정하게 말하면, 자신만의 세계에 갇혀 살고 있어서이다. 자신만의 세계를 잘 구축한다는 것(egoism)과 자신의 세계만 구축한다(egotism)는 개념은 다르다. 전자는 자신의 경계선을 잘 설정했다는 뜻이고 후자는 '고립(isolation)'이라는 방어기제를 선택했다는 뜻이다. 고립이 대내적으로 드러나면 우울과 무기력이고 대외적으로 드러나면 거만(arrogance)과 무관심이다.

모든 불평의 이면에는 일정 수준의 기대치가 들어 있다. 즉, 원하는 것의 만족도와 편리를 추구하는 마음이 들어 있다. 어른들이 불평과 불편을 잘 분석하고 대안을 찾으면 발명을 이뤄낼 수도 있고 사업 아이템을 발견할 수 있는 것처럼 아이들이 불평을 잘 분석하면 자기의 진로를 찾아낼 수도 있다. 가령, 여러 명이 함께 간 샤부샤부 식당에선 늘 담백한 육수와 매운 육수의 취향이 갈리는데, 그 불평을 요구(Needs)로 해석한 주인이 칸막이 냄비를 만들어낸 것과 같다. 불평을 원천 봉쇄하여 고객의 만족도를 높였다. 이처럼 지구상의 수많은 발명품은 불평을 귀담아듣고 불편을 해결하려는 차원에서 생긴 것들이 아주 많다.

사춘기 자녀가 늘 불평을 말한다면 그 사실을 짚어주고 부모의 불편한 마음을 표현할 수도 있다. 단, 이럴 때는 단정적으로 말하지 않고 잠정적으로 말하는 것이 좋다.

"나는 네가 입만 열면 불평하는 거로 보여(상황). 네가 불평을 하면 내용을 알기 이전에 그 말투와 표정 때문에 기분이 상해(부모의 감정). 네 감정이 나한테도 고스란히 전염되거든. 그렇게 기분이 상하면 네가 말하는 의도를 파악하기보다 너를 단정짓거나 회피하려는 본능적 욕구가 발동돼."

일단 그렇게 안전장치를 마련해 놓고 불평의 이유를 차근차근 물어라. 그 불평이 지극히 주관적이라 할지라도, 지극히 유치하다 할지라도 속내를 표현하도록 분위기를 만들어 주어라. 아이 개인의 문제를 '공동의 문제'로 가지고 오는 것은 아주 지혜로운 처사다.

"네가 불평하는 이유가 뭘까? 어떤 부분이 마음에 안 들어? 어떤 상황에서 화가 나? 누구한테 얼마나 짜증이 나는 거야? 뭔가 기대했는데 이뤄지지 않은 게 뭐야?"

그렇다고 아이가 말하는 모든 불평을 다 해결해 줄 필요는 없다. 아이의 요구를 다 들어주는 부모가 좋은 부모라는 강박관념은 과감히 버려라. 오히려 해결해 주는 부모보다 아이에게 자율성과 책임을 부여하는 부모가 좋은 부모다. 사춘기 자녀라면 더더욱 그렇다.

"네가 말하는 불평을 해결하는 방법은 뭘까?(문제의 해결 실마리 찾기) 내가 도울 부분은 어떤 부분이고 네가 할 수 있는 부분은 어떤 부분이야?(아이의 문제를 공동의 문제로 가져오기) 네가 불평의 내용이 뭔지를 정확히 알려주면 지금 당장 해 줄 수 있는 것은 바로 해결해 줄 수도 있어."

 어떤 불평 상황을 부모가 듣고 안 해 준 게 아니라 아이가 정확한 정보를 주지 않아서 그렇다는 사실, 그래서 그 불평의 원인 제공자도 아이 당사자임을 알려야 한다. 그 다음에 기대하는 행동을 말해주는 것도 좋다.

 "네가 불평이 많다면 네가 아주 예리한 시각을 가졌거나 감각이 예민하다는 뜻도 있어. 불평이 많다는 건 동시에 네가 해야 할 일이 많다는 뜻이기도 해. 불평의 영역은 동시에 네가 필요한 부름이니까. 그래서 불평을 잘 탐색하면 인생의 방향을 찾고 소명과 사명을 깨닫게 돼. 그러니 불평을 불평으로 끝내지 말고 네 인생의 항해를 더 멋지게 만드는 에너지로 활용해 봐. 그러면 너도 좋고 나도 좋고 모든 사람이 다 좋아해 줄 거야."

 불평을 다 들어준다고 줄진 않는다. 인간의 욕망은 끝이 없다. 서 있으면 앉고 싶고, 앉아 있으면 눕고 싶고, 누워 있으면 자고 싶은 게 인간이다. 낙타와 아랍인의 우화(The Camel's Nose)처럼 말이다. 어떤 아랍인이 낙타를 타고 사막을 여행하는 중, 밤이 되어 텐트를 쳤다. 사막의 밤은 워낙 추워 낙타가 "주인님, 코만 텐트 안으로 넣으면 안 될까요?" 하더니 조금 있다가 "주인님, 머리만 텐트 안으로 넣으면 안 될까요?" 하고는 결국 낙타가 텐트를 차지하고 주인은 쫓겨났다는 이야기다. 그래서 부모는 자녀들의 부당한 요구에 확실히 선을 긋는 결단력을 가져야 한다.

 불평의 상대 개념은 감사이다. 사람은 감사하는 법을 배워야 한다.

부모가 자녀에게 감사하기를 가르치는 것은 행복한 자녀를 만드는 일이다. 미국의 베스트셀러 작가 멜로디 비티(Melody Beattie)는 폭력과 중독에 시달리며 인생의 폭풍을 지나는 과정에서 작은 일에 감사하는 것이 얼마나 중요한지 이렇게 말했다.

"감사는 과거의 의미를 말해주고, 오늘을 위한 평안을 가져오고, 내일을 위한 비전을 창조한다."

## 학교를 안 가겠다고?

"그럼 나 학교 안 가!"

사춘기 자녀가 아침에 등교를 거부하면서 이렇게 말한다. 혹은 "엄마가 그러니까 나 학교 안 가."라면서 엄마나 아빠, 동생이나 언니, 오빠를 대입시키기도 한다. 그러면서 학교 가는 것을 대단한 호의를 베푸는 것인양 말한다. 그럴 때 부모가 어쨌든 학교는 보내야 한다며 "알았어. 미안해. 그래도 학교는 가야지?"라고 달래는 경우가 많다. 부모는 학교 안 가면 큰일 나는 줄로 알고 있다. 학교를 안 간다는 말은 거의 삶을 포기했다는 정도로 인식되니까.

아이 말마따나 학교를 안 간다는 것은 '안' 간다는 것이지 '못' 간다는 뜻이 아니다. 못 부정문은 능력의 문제지만 안 부정문은 의지의 문제다. 즉, 아이가 학교 안 가기를 선택했다는 뜻이므로 그 행동의 주체는 아이 당사자다. 누구 때문에 학교를 안 가겠다는 건, 그 이유를 남의 탓으로 돌리는 심리적 방어기제인 '투사(projection)'에 해당한다. 투사는 가장 낮은 수준의 방어기제이다. 그래서 그때 아이를 어르고 달래면, 무엇 때문에 안 간다는 아이의 말이 정당화되고 기정사실이 된다. 그러면 계속 그렇게 이유를 댈 것이고 어르고 달래는 강도를 높여야 한다. 결국, 아이가 학교 가는 것은 '특별히', '큰마음 먹고'가 주시는 개념이 된다.

학교는 아이의 인생 준비를 위한 곳이다. 제도화된 교육은 지구상의 수많은 나라가 설정해 놓은 가장 보편적인 방법으로 학과 내용, 수업방식 등은 대체로 비슷하다. 부모 세대는 누구나 그 교육을 받았고 그 덕분에 지금의 풍요를 누리고 있다. 누가 뭐래도 대한민국이 이 정도의 풍요를 누리고 사는 것은 전적으로 학교 교육 덕분이다. 그래서 학교는 인생을 준비하는 데 있어 기본이고 보편적이고 효과적인 곳으로 자리매김하였다. 지금의 풍요가 교육 덕분임을 아는 부모는 자녀가 학교를 안 간다고 하면 무능력한 존재로 전락해 주류에서 도태되진 않을지 두려워 꼭 보내려 하는 것이다.

자녀가 학교를 안 가겠다고 한다면 나름의 이유가 있을 것이다. 부모에 대한 반감이나 가족들 사이에서 생긴 사건으로 화가 나서 그렇게 말할 수도 있고 투사의 대상으로 가족을 지목하고 그 결과로 학교에 안 간다고 할 수 있다. 또 학교에서 제도의 불합리나 교사로부터 억울한 일을 겪었거나 왕따나 폭력 같은 문제 때문에 그럴 수도 있고 학업에 대한 모든 흥미를 잃었거나 공부해야 할 의미를 잃었을 수도 있다. 그럴 때 부모는 아이의 편임을 알려줄 필요가 있다.

"네가 학교를 안 가는 이유가 학교나 선생님, 친구들 사이에서의 왕따나 폭력 같은 문제라면 그건 같이 고민하고 해결해야 해. 자퇴하든 전학하든 그게 너를 위한 방법이라면 우리는 주저하지 않을 거야."

다만, 자녀가 부모나 가족들 중의 누구를 핑계로 대면서 등교를 거부한다면 외부의 문제라기보다는 아이의 문제다. 그럴 때는 단호하게 선을 그어야 한다.

"학교는 네 인생 준비를 위해 존재하는 곳이야. 너를 위한 곳이지 부모를 위한 곳은 아니야. 네가 학교를 가지 않겠다는 것은 네 인생을 위한 어떤 준비도 하지 않겠다는 의미와 동일해. 너는 지금 학교 '안'가기를 선택한 거야. 우리가 무슨 이유가 있어 학교 가지 말라고 했거나 혹은 제발 학교 좀 가 달라고 부탁한 적 없어."

그리고 가족 중 누구 때문에 학교 안 가겠다고 하면 그 이유를 물어보아라. 그 이유가 아무리 유치해도 내용 자체는 받아주어야 한다. 이럴 때는 Copy의 기술을 쓰면 좋다. Copy화법은 복사하기 즉, 상대방의 말을 똑같이 되뇌어 주는 방법이다. 정확한 의미를 파악해서 말해줘야 한다.

"그러니까 네 말은 아침에 안 일어난다고 엄마가 소리 지르면서 등짝 스매싱을 했고 그 일로 기분 나빠 학교를 안 가겠다는 말이야?(copy하기)"

아이가 그렇다고 답하면 "그럴 수 있겠다, 이해한다."라고 말 자체는 들어주어라. 그리고 문제의 소유자가 누군지를 짚어주어라.

"엄마가 큰소리를 내고 등짝 스매싱을 해서 네가 기분이 나빴다면 그럴 수 있다고 봐(공감하기). 그런데(but), 네가 바로 일어났으면 엄마가 소리 지르면서 등짝 스매싱을 했을까? 몇 번이나 깨웠는데도 네가 늑장부리고 안 일어나서 엄마가 그런 건데? 오늘 사건의 원인 제공자는 너야. 엄마가 아니고(문제의 유발자 짚어주기)."

그럼에도 아이가 핑계를 대면서 안 일어나면 엄히 말해야 한다.

"네가 학교를 안 가는 건 네 선택이지만 그 선택에 대한 책임 또한 네가 져야 할 거다."

그리고 학교를 갔든 안 갔든 저녁 시간에 아이를 불러 꾸중하든 타일러야 한다. 아침에 바로 말하는 것보다 시간이 조금 흐른 후 감정적으로 안정이 되었을 때가 좋다.

"네가 학교를 안 간다고 할 때는 명확한 이유가 있어야 해. 학교라는 방식 외의 다른 방식으로 네 인생 준비를 한다면, 또는 제도화된 교육이 가진 패러다임과 교육방식이 싫어서 학교를 안 가고 다른 방식으로 네 인생 준비를 한다면 그건 네가 오랫동안 고민했던 결론일 테니 전적으로 동의하고 허락해 줄 수 있어. 주변에는 더러 학교 자퇴하고 도서관으로 등교했다는 아이 이야기, 혹은 자기 적성에 맞는 대안학교를 선택해서 갔다는 이야기, 부모의 동의를 받고 홈스쿨링을 했다는 이야기를 들은 적이 있어. 대안학교는 규격화된 교육이 아니라 나름의 교육철학과 커리큘럼을 가져서 다른 방식으로 인생 준비를 시켜주는 곳이지. 그 철학과 방식이 너의 철학과 능력에 맞다면 일반 학교보다 훨씬 나을 거야."

그리고 학교를 가지 않았을 때의 문제도 알려줄 필요가 있다. 이것은 정보 제공 차원이면서 동시에 아이에게 생각하게 하는 질문이다.

"네가 학교를 가지 않는다면 어떤 일이 생길까?"

"장기 무단결석으로 처리되어 퇴학당하게 된다면?"

"학교를 어찌어찌 졸업은 했는데 생활기록부에 무단결석, 무단조퇴 횟수가 많아 나중에 취업할 때 그게 마이너스가 된다면 어떨까?"

그리고 그런 질문 끝에 부모는 학교를 안 가서 생기는 결과에 대해 인생 선배로서 타이를 수 있다.

"학교를 안 가서 생기는 문제는 다분히 그냥 학력의 문제만이 아니야. 네가 무능력자가 된다는 게 더 문제지. 만약, 네가 코딩에 빠졌고 그 분야에서 두각을 드러내는 존재가 되었다고 하자. 네 생각에 코딩에 더 집중하고 싶어 학교를 안 간다면 그건 인정해 줄 수 있어. 네가 그 분야의 최고가 되기 위한 네 시간을 확보하는 차원이고 네가 스스로 하는 공부도 따로 있을 테니까. 그 공부는 말 그대로 피가 되고 살이 되는 것이니까. 그런 관점에서 보면, 학교를 졸업하고 나면 그다지 크게 효용성도 없는 지식을 공부하느라 시간 낭비할 필요는 없지. 그런 차원에서라면 그건 아주 기특하고 대견해. 다만, 네가 그렇게 집중하고 오롯이 그 일에 몰입한다는 걸 볼 수 있어야겠지? 누가 봐도 쟤는 코딩에 미쳤다는 소리를 할 정도일 테니까. 물론, 학교를 정상적으로 다닌 아이들과 동일한 학력을 갖춰야 할 거야. 검정고시(檢定考試)라는 제도는 말 그대로 동등한 실력을 갖추었다는 것을 검정하는 시험이야. 다만, 네가 귀차니즘에 걸려 학교를 안 간다면 그건 게으름이고, 사람과의 관계가 불편해서 안 간다면 그건 회피에 불과해. 그래서 학교를 안 간다고 해도 나이가 들면 사회생활을 해야 하는데 출근을 안 할 수는 없고 직장에서도 불편한 상황, 불편한 인간관계는 존재하기 마련이야. 만약 네가 출근을 안 하면 잘릴 테고, 자영업을 하더라도 일을 안 하면 살아갈 수가 없지. 동물로 말하면 능력을 갖추지 못한 포식자에 불과한 거야."

## 학폭에 연루되었다고?

 내 자녀가 학폭에 연루되어 징계위원회가 열린다고 부모의 출석 요구서를 받을 때 부모는 우선 낙담이 되고 아이에게 화가 날 것이다. 다만, 아이에게 화를 내기 전에 상황에 대한 정확한 정보부터 들어야 한다. 무조건 아이에게 화부터 내면 학교는 옳고 아이는 틀렸다는 전제가 된다. 담임교사를 만나 사건의 전말을 충분히 들은 후에 아이에게도 확인하라. 그래야 주관적 감정에 치우치지 않고 보다 객관적인 관점을 유지할 수 있다. 오비이락(烏飛梨落)이란 사자성어에서처럼 내 자녀의 학폭 연루가 그런 차원일 수도 있고 누군가의 모함일 수도 있다. 혹은 사건을 냉정하게 처리하지 못한 교사의 일방적 일 처리나, 학교가 사건을 제대로 처리하지 않고 대충 무마시키려는 차원에서 한 사람

(내 아이)을 희생양으로 삼았을 수도 있다. 큰 사건일수록 냉정을 유지해야 한다.

"이 일을 해결하려면 사건에 대한 정확한 정보가 필요해. 이 사건이 어떻게 된 것인지에 대해서 네가 먼저 말해줘(상황에 대한 정보 요청)."

사건보다 중요한 건 그 사건을 해결하는 과정과 결과다. 어떤 사건 때문에 인생이 망가질 수도 있지만 그 사건을 통해 많은 경험을 얻기도 한다. 원치 않는 학폭 사건이겠지만 원치 않아도 그런 사건은 생길 수 있다.

"학폭에 연루되었다는 것만 가지고 무조건 네 잘못이라고 말하진 않아. 우선은 내용을 들어봐야겠지. 네 의견도 들어야 하고 너와 학폭으로 연루된 그 아이의 의견도 들어봐야 하고 학교의 의견도 들어봐야겠지. 그래야 주관적으로 치우치지 않을 테니까."

그리고 교사를 만나면 많은 질문을 해야 한다.

"제 아이는 이러이러하게 말하던데, 그 부분은 어떻게 이해해야 하나요?"

"그 아이는 뭐라고 하던가요?"

"그 부모들은 뭐라고 말씀하시던가요?"

"선생님의 생각은 어떠한가요?"

"이번 일과 같은 일이 전에도 있었나요? 그때는 어떻게 처리되었나요?"

가족이 응집력을 발휘하면 외부의 사건으로 서로 더 깊이 결속된다. 피는 물보다 진한 법이다. 자녀의 일방적 편들기는 자제해야 하지만 정당하다면 얼마든 싸워주겠다는 의지를 보일 필요가 있다.

"네가 까마귀 날자 배 떨어진다는 속담의 피해자라면, 우리는 너의 편을 들어줄 수 있어. 그리고 너의 문제가 아니라 전적으로 외부의 문제고 그것도 억울하게 누명을 쓴 일이라면 같이 화를 내고 학교든 그 아이든 같이 싸워줄 거야. 학교라 해도 그곳이 완전한 곳은 아닐 테고, 교사도 사람이라 완벽하지 않을 테고, 너 역시 아직 미완의 존재니까."

# 왜 자꾸
# 잔소리하냐고?

"아, 짜증 나! 잔소리 그만하라고!"

부모가 특히 엄마가 잔소리하는 이유는 아이들과 가장 많은 접촉을 하는 주체이기 때문이다. 그리고 이유는 딱 하나다. 자녀가 행복하길 바라기 때문이다. 행복한 삶엔 에너지 충전도 필요하지만 동시에 에너지 낭비를 막아야 하는데 자녀의 흐트러진 생활은 에너지가 새는 일이기 때문이다. 금방 완충한 스마트폰이 한 시간도 안 돼 방전된다면 아마 제대로 쓸 수 없을 것이다. 행복을 만드는 세 가지 영역이 긍정적인 생각, 생동감 있는 활동, 그리고 좋은 관계인데, 아이의 부정적인 생각, 무기력, 어그러진 관계를 보면 제발 좀 고치라고 잔소리를 안 할 수가 없다.

잔소리를 듣는 쪽에서는 기분이 나쁘겠지만 잔소리하는 쪽에선 적어도 자신이 설정해 놓은 최소한의 기준치에 미달했음을 표현하는 것이다. 남편이 양말을 아무렇게나 벗어 던지면 아내는 양말을 뒤집어 벗지 말고 세탁 바구니에 넣으라고 잔소리할 것이다. 아내가 이미 몇 번이나 부탁했던 내용이거나 적어도 양말을 어떻게 해야 한다는 기준을 설정하고 있었다는 뜻이다. 자녀들에게도 마찬가지다. 아이들의 행동에서 기준치 미달 되는 부분은 잔소리할 수밖에 없다. 그러니 그럴 때 엄마는 한 마디 더 쏘아붙여도 좋다.

"제발, 내가 잔소리 안 하게 해 달라고! 나도 좋은 아내, 좋은 엄마가 되고 싶거든?"

예를 들어 방 정리 정돈을 잘하라고 누차 얘기를 했는데 귓등으로 듣거나 여전히 돼지우리를 방불케 한다면 한 번쯤은 분노를 폭발시킬 필요도 있다. 단, 사람을 싸잡아 비난하거나 자기 비하는 하지 말라.

"돼지도 자기 우리를 깨끗하게 하는데 하물며 사람이 자기 공간을 더럽게 쓴다는 게 말이 돼? 그러면 너는 네 방이니 간섭하지 말라고 하겠지? 그게 네 방이야? 정확히 말해서 그 공간은 네 공간이 아니야. 이 집 전체는 엄연히 엄마와 아빠의 소유고 네 방은 우리가 너만의 공간이라고 지정해 준 곳일 뿐이야. 이 집을 살 때 네가 네 방에 대한 지분을 냈니? 네가 매월 방세와 전기료, 수도료를 내고 청소비용을 내고 있어? 여기가 호텔이면 난 잔소리 못 해. 호텔 투숙객이 객실을 사용하고 나올 땐 굳이 정리하지 않아도 되게 모든 비용을 냈기 때문이야."

그리고 분위기가 잡혔을 때 조용히 타일러라.

"청소는 삶의 가장 기본이야. 자기 방 정리는 그 기본의 기본이고. '집에서 새는 쪽박은 밖에서도 샌다.'는 속담이 있어. 네가 집에서 그렇게 하는 행동은 학교생활, 어른 되면 직장생활에서도 고스란히 드러날 수밖에 없어. 반대로 네가 네 방을 잘 청소하고 정리 정돈을 잘 한다면 그건 밖에서도 그럴 거란 믿음이 있지. 잘 한다는 뜻이지. 그러니 네 방 청소와 정리 정돈은 매일매일 해야 하는 일이야. 정리란 필요 없는 물건을 버리는 일이고 정돈은 필요한 물건을 재배치하는 일이야. 생활에도 정리 정돈이 필요하고 생각도 정리 정돈이 필요해. 네 방 정리 정돈을 예로 들었지만 내가 하는 잔소리는 네가 고쳐야 할 말투와 행동이 다 포함되어 있어. 그건 네가 한낱 땔감으로 쓰이는 잡목이 아니라 훌륭한 재목이 되길 바라서야. 나는 네가 자신은 물론 가족과 사회를 위해 유용한 사람이 되기를 원해. 내가 말하는 것들을 잔소리로만 여기면 너는 잡목에 불과할 테고 부모의 가르침으로 받아들이면 재목이 될 거야. 그 선택은 오롯이 너에게 달려있어."

# 안 깨워줘서
# 못 일어났다고?

아이가 이렇게 말한다면 명백한 책임 회피다. 자기가 안 일어나 놓고 엄마 때문에 못 일어났다고 핑계를 대고 있다. 사춘기 자녀는 자기 행동에 대한 책임을 져야 한다는 인식이 턱 없이 부족할 수 있다. 그래서 자기 잘못이 드러날 상황이 생기면 반사적으로 다른 사람이나 환경 탓을 하면서 책임을 회피하려 한다. 자기가 일어날 시간을 엄마에게 부탁했다는 건 아직도 부모 의존 단계에서 벗어나지 못한 상태다. 아마 그때까지 엄마가 깨워주곤 했던 습관이 있었을 수도 있다.

이런 생활 습관은 학령기 때 이미 형성되었어야 한다. 환경 탓을 하며 책임을 회피하려는 경향이 보이는 아이는 엄마가 깨웠을 때 바로 일어나지 못하고 몇 번이나 뒤척이는 동안 엄마가 포기했을 수도 있다. 그건 성실성과 책임성의 문제이기도 하다. 어떤 일로 깨워달라고 부탁했으면 그 시간에 일어나야 한다.

아이가 그렇게 불평하면 마음 자체는 받아줘도 좋다. 단, 미안하다, 잘못했다, 다음부턴 안 그러겠다는 식으로 납작 엎드리는 태도를 보이면 안 된다.

"엄마가 깨워주지 않아서 늦었어? 그래서 속상했어? 네가 그렇게 생각한다면 속상하고 화가 나기도 했겠네.(인정하기)"

그리고 공동의 문제로 가지고 와서 풀어가는 뉘앙스를 보이는 것은 좋다.

"엄마가 깨워주는 게 네가 늦지 않도록 도와주는 일이긴 한데, 스스로 일어나는 건 너의 책임이기도 해. 어떻게 하면 네가 더 쉽게 일어날 수 있을까? 내가 어떻게 해 줄까? 너는 어떻게 해야 할까?"

아이 스스로 주체가 되게 하는 가상의 질문을 던지는 것도 좋다.

"그럼, 엄마가 없을 때는 어떻게 하면 네가 스스로 잘 일어날 수 있을까?"

공동의 문제로 가지고 와서 생각하는 과정에서 엄마는 엄마의 생각을 권유할 수 있다.

"알람을 몇 번 맞춰 놓는 건 어때?"

"스마트폰 말고 아예 아날로그 탁상시계를 사는 건 어떨까?"

그렇게 물었을 때 아이는 스스로 어떻게 하겠다고 말할 수 있다. 그럴 때는 인정해 주어라.

"탁상시계 필요 없어. 그냥 스마트폰 알람을 설정할 때 반복해서 울리도록 할게."

아이가 스스로 그렇게 말한다면 인정하고 칭찬해 주고 그렇게 할 거라고 믿어주어라. 그렇게 몇 번의 기회를 주었는데도 여전히 같은 상황이라면 그때는 호되게 야단을 쳐도 좋다.

"몇 번의 기회를 주었는데도 여전히 같은 일이 생기고 있네(상황 짚기). 그렇다면 이건 전적으로 너의 문제가 아닐까?(문제의 소유자 가려내기) 네가 '안' 일어났으면서 내가 안 깨워줘서 못 일어났다고 하는 건 핑계요 책임전가야. 또 비겁한 변명이요 게으름의 노예라는 뜻이지. 알람을 듣고도 안 일어났다는 건 의지 박약이나 네가 할 일에 대한 중요성을 인지하지 못했다는 것이고 약속을 지키는 신실함이 부족하다는 뜻 아닐까? 알람을 들을 때 대부분의 사람은 그 느낌이 싫어도 이불을 박차고 일어나기를 선택해. 그래야 한다는 걸 아니까."

그리고 더 이상 깨워주는 일 같은 건 하지 않겠다고 선언하라. 아주 특별한 경우, 중요한 시험이나 면접이 있는 날이라든지, 혹은 밤샘 공부하고 잠시 눈 붙일 상황일 때, 혹은 중요한 약속이 있어 외출하기 전에 잠깐 쉬려는데 그만 잠이 깊이 들어서 알람 소리를 못 들을 위험이 있을 때와 같은 상황이어야 하고 그것도 명령이 아니라 정중한 요청이어야 한다.

# 하기 싫어
# 안 한다고?

하기 싫으니 안 한다고 하는 것도 사춘기 자녀들의 공통 특성이다. 심리적, 생리적 변화와 독립성을 추구하는 과정에서 나타나는 현상이라고 볼 수 있다. 그런데 꼭 사춘기 자녀만의 특성은 아니다. 남녀노소, 인종과 국적을 불문한 인간의 공통 특성이다. 하기 싫은 일을 억지로 하게 할 때나 하고 싶은 일을 제지당할 때 기분 좋을 사람은 아무도 없다.

사람은 누구든 명령 듣기를 좋아하지 않는다. 누구나 독립적이고 자율적인 존재가 되고 싶기 때문이다. 사춘기 자녀들의 경우는 어른이 되는 관문에 있어 더더욱 명령이나 통제를 거부하는 심리가 강하게 작동된다. 그래서 부모의 요구라면 내용에 상관없이 반사적으로 싫다고 한다. 재미가 없는 일이라면 더더욱 그럴 것이고, 아직 책임감이라는 개념이 정립되지 않은 상태라 그럴 수 있다. 또 학업, 인간관계, 미래에 대한 불안 등 스트레스로 인한 회피 반응으로 볼 수도 있다.

현대사회가 개인의 자유와 선택을 존중하는 것은 좋지만 그것이 너무 과할 땐 문제가 된다. 그런 문화는 아무래도 교육철학에서 기인했을 것이다. 우리가 배운 학교 제도는 미국의 공교육 시스템이 그대로 이식된 것이었고, 미국 공교육의 바탕엔 20세기 초 미국의 진보주의 교육의 창시자 존 듀이의 사상이 깔려 있다. 그의 교육철학은 학생 중심, 경험 중심의 학습을 강조하며, 학생들이 스스로 생각하고 선택하는 과정을 통해 배우는 것이 중요하다고 했는데, 좋게 표현하면 '자율성'의 존중이라 '아이가 원하는 대로'이지만 나쁘게 표현하면 '자기 마음대로'가 된다. 즉, 하고 싶은 것만 하고 하기 싫은 것은 어떤 것이든 할 필요 없다는 면죄부다. 한국에서도 학생들의 자율성과 창의성을 강조한다는 이름 아래 과도한 선택권이 부여되었고 학교는 교사 중심이 아니라 학생 중심, 가정은 부모 중심이 아니라 아이 중심이 되었다. 과도한 아이 중심은 이기적이고 차가운 사람이 되고 책임을 회피하는 주체가 된다.

SBS TV 〈생활의 달인〉에 출연하는 사람들은 정말 대단하다. 그들이라고 해서 처음부터 그 일에 달인이 된 것은 아니다. 그 일이 처음엔 자기 적성에 딱 맞지 않았지만 우직하게 계속하다 보니, 또 어떻게 하면 효율적으로 할 수 있을까를 궁리하다 보니 요령과 효율성을 얻을 수 있었다고 말한다. 또 억지로라도 반복했던 일인데 어느 정도 시간이 흐르니 몸이 자동반사적으로 움직인다고 한다. 이것을 '운동 스키마(motor schema)'라고 한다. 그렇게 어느 정도 수준에 올랐을 때 성과가 나오고 거기에 대한 보상이 주어지니 자기가 하는 일에서 만족과 보람을 느낀다. 물론, 그 만족과 보상이 단지 경제적 보상만을 의미하진 않는다. 그 일을 해냈다는 자부심도 있고 그 일이 많은 사람을 이롭게 한다는 자기효능감도 들어있다.

부모는 자녀의 감정 자체는 받아주되 생각하게 하는 질문을 던져야 한다.

"하기 싫어서 안 하는 거 당연해(공감하기). 그건 엄마나 아빠도 마찬가지고, 누구나 다 그래. 네가 하기 싫다고 안 하겠다는 건 대개 기본적인 의무나 강제로 주어진 일 같은 것들일 거야. 그렇지만 부모가 너에게 뭔가를 시킬 때 능력도 안 되는데 시키거나 부모가 할 일을 떠맡기진 않았을 텐데, 거기에 대해 어떻게 생각해?"

그리고 자율성과 책임의 균형을 강조해야 한다. 이것이 가정에서 부모가 할 수 있는 교육이다. 당장은 듣지 않는 것 같아도 마땅히 가르쳐야 할 부분이니 반복적으로 알려줘야 한다.

"하고 안 하고는 네가 선택한 자유지만 그 선택에 따른 결과 또한 오롯이 네가 책임져야 해."

부모의 경험이나 사례를 들어서 타일러라. 이런 말은 부모만이 아니라 학교의 교사나 가족 중 누구나, 골목에서 지나가는 어른들이 해주었어야 하는 말이다.

"우리 속담에 '시작이 반이다.'라는 말이 있어. 하기 싫은 일이지만 막상 시작하면 제대로 하는 경우가 많아. 예를 들어, 억지로 끌려 나간 산책인데, 막상 걷다 보면 이내 기분이 좋아져 산책을 즐기게 되는 것과 같아. 우리 조상들은 이미 뇌과학의 원리를 알고 있었던 것 같아. 이것은 우리 뇌의 측좌핵이 행동을 개시하기 때문이야. 그리고 일명 들이대는 사람들의 특성도 똑같아. 그들이라고 해서 겁이 없거나 귀찮지 않아서가 아니야. 일단 시작하면 된다는 것을 알기 때문이지. 그래서 무슨 일이든 열심히 하는 사람은 다른 일도 잘 하지만 아무것도 안 하는 게으름뱅이는 자기 일도 제대로 못 해. 그런 사람은 늘 입버릇처럼 자기에게 맞는 일을 주면 열심히 하겠다고 하지만 정작 자기에게 딱 맞는 일을 줘도 게으름에 빠지기 십상이야. 세상천지에 내 입맛에 맞는 일이란 존재하지 않아. 세상이 너에게 맞춰주는 것이 아니라 네가 세상에 맞춰 적응해야 해."

# 왜 부모의 말이면
# 다 거역할까?

    부모의 말이면 반사적으로 "싫어!", "몰라!", "안 해!"를 말하는 건 요즘 자녀들의 공통 특성이 되었다. 사춘기가 되면 더 심해진다. 그것은 자율성, 즉 스스로가 힘의 주체가 되었다는 느낌에서 자기를 드러내어 과시하고 싶고 통제를 받고 싶지 않다는 의미이다. 그렇다고 부모 말이라면 무조건 거역하고 반대하는 것을 사춘기의 당연한 특성이라고 그냥 넘어갈 수는 없다.

    어른 중에도 대화 중 "아니야!"라며 부정하거나 "어림도 없는 소리!"라고 일축하는 사람들이 있다. 이렇게 행동하는 사람은 귀가 없는 사람이다. Hearing은 하지만 Listening을 못 한다. 〈가시나무〉라는 가요의 가사처럼 자기 속에 자기가 가득 차 있어서 남이 들어올 자리가 없어 그렇다. 자기가 자기 속에 가득 찬 시기는 갓난아기 때다. 그때는 자기로 가득 차 있어야 하는 시기다. 누구 말도 들을 필요가 없다. 오로지 자신의 필요를 울음으로 표현하면 돌봐주는 사람이 알아서 다 채워준다. 이 때문에 이 시기에는 자기가 최고라는 환상에 사로잡혀 있다. 대상관계 심리학자 도날드 위니컷은 이때의 느낌을 '전능감의 경험(omnipotence)'이라고 표현했다. 세상을 내 마음대로 주무를 수 있다는 느낌이다. 그랬던 영아가 점차 성장하면서 자신이 전능한 존재가 아님을 깨닫지만, 그것이 문제가 되지 않는다는 것도 알게 된다. 자신의 부족함을 인정하면서 그때부터 배우려는 자세를 가진다. 반면, 전능감을 충분히 경험하지 못한 아기는 계속 전능한 주체가 되고 싶은 무의식적 욕구를 가진다. 그래서 남의 말 따위는 듣지 않고 언제 어디서든 자기가 주체가 되려 한다. 성인이 되어서도 귀가 없거나 배우려고 하지 않는 사람은 아무리 생물학적 나이가 많아도 내면이 영아기에 고착되었다고 보면 된다.

거기에다가 자신을 나쁘게 생각하지 않는 성향 때문에 많은 사람이 자신에 대해서 관대하리라 생각한다. 그래서 무슨 일이 생기면 자기는 다 괜찮은데 외부의 상황이나 다른 사람이 문제라고 탓을 한다. 반면, 자기를 돌아보는 사람, 또 다른 사람의 잘못이나 문제를 보고 자기를 비춰보는 사람은 아주 성숙한 사람이다. 그것을 타산지석(他山之石)이라고 한다.

부모는 아이가 반사적으로 거역할 때, 속상한 마음을 알려주어라.

"네가 무조건 싫다고 할 땐, 엄마도 화가 나. 내용도 들어보지 않고 귀찮은 듯, 짜증 난 듯 반응하면 엄마는 거절감을 느끼고 화가 나고 절망감이 밀려와. 그러면 더 말하고 싶지도 않아. 엄마가 무슨 말을 할 때 일단 다 듣고 난 후에 '싫다', '안(못)해!'라고 하면 그건 네 의견이나 상황을 알려주는 것이지만 반사적으로 안 한다고 말하면 그건 명백한 거역이야."

그 후에 타이름의 기술을 작동시켜라.

"물론, 부모도 사람이라 100% 옳을 수는 없어. 그럴 때 너는 논리와 근거를 통해서 부모가 틀렸다는 것을 말할 수 있어. 논리와 근거가 명확하다면 우린 잘못을 인정하고 사과할 용의가 있어. 또 요구하는 것을 철회할 수도 있고…. 그런데 네가 반사적으로 거역하는 것은 부모에 대한 기본 예의를 지키지 않는 거로 생각해. 네가 그렇게 표현할 정도가 되었다면 이미 다 컸다는 뜻 아닐까? 그렇다면 그 방식이 아니라 다른 방식으로 표현할 수도 있다는 것일 텐데 말이야. 우리 생각과 네 생각이 다를 땐 얼마든지 조율하면 돼. 그리고 너도 부모가 하는 말이나 요구가 타당하다면, 네가 마땅히 해야 할 기본 의무에 대한 부분이라면 네가 수용해야 하지 않을까?"

# 애초에 재능이 없었다고?

 호주의 게리 맥퍼슨(Gary McPherson) 박사는 악기를 배우는 아이들의 진도가 왜 각각 다른지에 대해 연구했다. 초등학생부터 고등학생에 이르기까지 다양한 연령대의 아이들 157명을 무작위로 선택해서 그들의 음악 학습 과정을 장기적으로 추적했다. 아이들의 IQ, 청음 능력, 리듬감, 연습량, 부모의 소득 수준 등 다양한 요소를 살핀 맥퍼슨 박사는 전혀 예상하지 못했던 요소를 발견했다.

 처음 교습을 시작할 때 얼마나 오랫동안 악기를 배울 것인지에 대한 목표가 수행 능력에 결정적인 차이를 만들었다. 이를테면, 올해까지만 배우겠다는 단기목표, 초등학교를 졸업할 때까지는 배우겠다고 한 중기목표를 말한 아이 중 중기목표를 가진 아이들의 실력이 더 출중했다. 그런데 이들을 능가하는 실력자는 고등학교를 졸업할 때까지라는 장기 목표를 가진 이들이었다. 단기목표를 가진 아이에 비해 적게는 2배, 많게는 5배가량 높은 수행 능력 점수를 받았다.

선천적인 능력이나 유전자보다 악기를 향한 강렬한 마음이 핵심이었다. 그래서 악기를 시작하는 아이들이 꿈꾸는 열망이 발전의 방향을 잡아주고 지속적인 연습을 위한 에너지를 공급해 주었다. 연주회에 서게 하거나 그것으로 직업이 되게 하거나 악기를 통해서 얻는 수많은 혜택과 영광을 경험하게 한 것이다.

아이의 말을 듣고 감정을 감정 그 자체로 받아주는 일은 선행 작업이다. 아이의 마음은 언제라도 읽어주어라.

"애초에 재능이 없었다고 말하는 것을 보니, 네가 지금 너무 힘들거나 기대만큼의 실력이 늘지 않아 실망했다는 것으로 들리네. 그렇게 느끼고 있다면 별로 하고 싶지도 않을 테고, 해야 할 이유도 모르겠지? 그럴 수 있다고 봐."

그리고 타이름의 기술을 작동시켜라. 적절한 정보는 마음을 고쳐먹게 하는 힘을 제공한다.

"세상엔, 어떤 특별한 계기로 재능을 얻는 사람도 있어. 서번트 증후군(Savant Syndrome)이라고 해서 심각한 발달장애(특히 자폐 스펙트럼 장애)나 지적장애가 있는 사람이 특정 분야에서 비범한 능력을 드러내는 경우가 있어. 얼마 전 〈이상한 변호사 우영우〉라는 드라마 주인공이 그랬지. 또 어떤 사고로 뇌 손상을 입었는데 갑자기 천재성을 발휘했다는 이야기도 있어. 그림이라곤 일면식도 없는 사람이 뇌 손상을 입은 그 이후로 그림을 척척 그려낸다든지, 혹은 음악과는 상관없는 사람이 한 번 들은 곡을 그 이상으로 연주한다든지 하는 사례들이지. 설마 그런 주인공이 되겠다고 일부러 뇌 손상을 입힐 순 없겠지? 또는 영화 〈스파이더맨〉의 주인공처럼 우연히 거미에게 물린 이후에 갑자기 거미인간이 되어 뛰어난 운동신경과 상처 회복력은 물론 거미줄까지 발사할 수 있는 힘을 가지게 된 경우도 있지만 영화는 영화일 뿐이야. 그런데 영화 속 주인공도 우연히 그런 특별한 능력을 갖추게 되었지만 처음부터 능숙하진 않았어. 힘을 조절하는 법도 익혀야 했고 완전히 자기 것이 되게 하는 데까지 엄청난 연습이 필요했지. 사람들은 창의성을 선천적으로 가지고 태어난 천재이거나 후천적으로 획득한 전유물이라고 생각할 거야. 그런데 그 창의성이 지루함의 결과, 우직한 반복의 결과에서 나온다는 것은 잘 몰라. 창의성은 누구나 가지고 있지만 그것을 밖으로 끌어내려면 어느 수준의 능력이 있어야만 가능하다는 것을 모르지. 그러니 조금만 더 힘내 보자. 조금만 더 버텨 보자. 진짜로 네가 할 만큼 해 보고 그때 타고난 재능 유무 판단해도 늦지 않아."

## 너의 무기력은 무능력 아닐까?

최근 TV에서 〈다 컸는데 안 나가요〉라는 프로그램이 방송되기 시작했다. 그 프로그램의 소개 문구는 이렇다.

"높은 물가와 집값 상승으로 청년 2명 중 1명이 '캥거루족'이라는 요즘, 부모님과 함께 살아가는 스타들의 일상을 전하는 캥거루족 관찰기"

무기력에 찌들어 있는 사춘기 자녀가 성인이 되면 이렇게 될 가능성이 다분히 높다. 방송 카피를 보면 높은 물가와 집값 상승을 원인으로 지목하고 있지만 그건 외부요인이고 내부요인으로 보면 무기력 때문이고 무기력은 무능력과 게으름에 의한 것이다. 첨단 문명의 시대에, GDP 3만 불을 넘긴 나라에서, 자녀도 기껏 1~2명이라 부모의 전폭적 지원을 독차지하는 이 때, 왜 무기력은 더 늘어났을까? 외부적인 요인은 두고 내부적인 요인을 살펴보면 이렇다.

첫째, 기본적인 지식의 부족이다. 자녀들이 알고 있는 지식의 정도는 깊지도 않고 넓지도 않다. 디지털 매체를 통해서 얻는 정보는 단편적이라 통합적 사고에 못 미친다. 뭔가를 안다는 것은 자기 생각을 정확하게 표현할 수 있는 능력으로 드러난다. 설득력이 있어 누가 들어도 이해하고 수긍할 수 있다. 자기는 안다고 하는데 누군가 들어서 이해 못 한다면 그건 아는 게 아니다.

둘째, 할 일과 역할이 없다는 뜻이다. 할 일이 없고 역할을 받지 못한다는 건 능력이 없어서다. 능력이 출중한 사람은 세상이 가만히 두지를 않는다. 어떤 통로, 어떤 방법을 통해서라도 드러나게 만든다. 또 세상에는 원석 속의 다이아몬드를 볼 줄 아는 눈을 가진 이들이 있다. 이들은 그런 특출한 사람을 발굴해 낸다. 신약 성경 산상수훈에서 '빛과 소금'이라는 말의 뜻이 바로 이것이다. 등불은 탁자 밑에 두는 법이 없다. 혹 누가 탁자 밑에 등불을 두었다면 다른 사람이 와서 탁자 위로 올린다. 소금도 마찬가지다. 음식을 만들 때 간을 맞추는 필수 요소가 소금인데 누구라도 음식의 맛이 시원찮으면 소금을 찾게 되어 있다. 한국 사람들은 간장을 찾기도 하지만 간장 역시 콩을 매개로 발효의 과정을 거친 소금이다. 고대 근동 지역에서는 암염을 먹었는데 가져다 놓은 암염이 세월이 지나는 동안 짠맛을 잃어버리는 경우가 더러 있었다. 그렇게 되면 음식에 쓸 수 없으니 그냥 길에 버려 땅을 굳히는 용도로 썼다고 한다. 음식에 들어가서 짠맛을 내야 하는 소금이 그 짠맛을 잃어버린다면 길에 버려져 사람들의 발에 짓밟힌다. 성장한 나이에 걸맞은 능력을 갖추지 못하면 짠맛 잃은 소금처럼 발에 밟히는 존재가 될 수밖에 없다.

셋째, 자녀의 게으름으로 생긴 것이기도 하다. 자녀의 식생활을 살펴보아라. 건강식은 거의 없고 밥시간에 밥을 제대로 먹지도 않는다면 신체적으로 건강할 수 없다. '한국 사람은 밥심'이라는 말을 쓰는 건 밥을 먹어야 힘을 쓴다는 것이다. 지금은 밥공기를 쓰지만 옛날엔 식기를 썼다. 공기보다 밥이 더 많이 들어가는 그릇이다. 식기의 속을 다 채우고 꼭대기까지 소복이 쌓은 밥을 '고봉밥'이라 했는데, 흔히 '머슴밥'이라고 불렀다. 일하는 머슴은 밥을 많이 먹어야 했다. 농촌에서 농번기 때 일을 하면 하루 세 끼 사이에 새참까지 먹었다. 그러니까 육체적 노동을 평소보다 과하게 하는 날이라 체력 소모가 큰 만큼 연료를 더 주입하는 것과 같다.

넷째, 자녀가 정신적 밥을 먹지 않아서이다. 아무것도 하고 싶지 않거나 뭘 하더라도 이내 포기하는 의지박약은 의지가 약하다는 뜻이고 의지가 약하다는 건 정신적 건강이 약하다는 뜻이다. 정신적 건강이 약한 건 마음에 밥을 제대로 먹여준 일이 없는 것이다. 정신적인 밥은 독서와 어른들의 지혜인데, 독서도 하고 어른들의 말에 귀를 기울이고 새겨듣는 태도가 필요하다. 그런데 요즘 아이들은 묻지도 않고 듣지도 않는다.

무기력에 빠진 자녀는 다그치고 혼내기보다 자주 조금씩 정보 제공 차원에서 타이르는 것이 좋다. 타이르는 내용들은 아이로선 처음 듣는 내용일 가능성이 높다. 아이들이 사춘기 자녀, 성인 자녀가 되기까지 들었어야 했을 말을 들은 적이 없는 경우가 의외로 많다.

"우리나라엔 최근 몇 년 동안 온갖 오디션 프로그램이 유행하고 있어. 그중에서 음악 오디션이 가장 많지. 최종 우승자가 되었거나 결승까진 오른 이들은 그 이후로 본격적인 활동을 하고 부와 명예와 인기를 한 몸에 얻어. 그들이 가진 천재성만으로 그것이 가능했을까? 오랜 무명 생활이 그들의 실력을 뒷받침해 줘. 아마 그들도 무명 생활, 무던히 애를 쓰고 노력했던, 우직하게 버텨왔던 세월이 없었다면 오늘의 영광은 없을 거야. 노래도 한 두 곡만 잘 한다고 해서 되진 않을 테니까. 무명의 세월을 보내는 동안 온갖 노래를 불러보았고 그중에서 자기만의 것들을 꽤 많이 준비했을 거야. 그것이 비로소 빛을 발하게 되었던 거지. 그런 사람들이 방송에 나와서 인터뷰하는 것을 보면 그들도 우울증이나 대인기피증을 겪었고 무기력의 늪에 빠져 허우적대기도 했다고 해. 그것을 벗어나는 데는 각자에게 어떤 계기가 있었는데 그 계기를 붙잡을 수 있었기에 오늘의 영광이 있는 것이지. 엄마와 아빠도 가끔 얘기해. '저렇게 뛰어난 저 친구에게 오디션의 기회가 없었다면 지금 어떻게 지내고 있을까?'라고 말이야. 아무리 오디션의 기회가 왔다 해도 준비된 게 없었다면 아예 출전조차 할 수 없었겠지?"

그렇다면 마음에 밥을 먹이는 방법은 무엇일까? 아이들의 무기력이 정신적 밥을 먹지 않아 생긴 것이라고 설명해 주고 대안을 제시해 주어야 한다.

"네 마음에 밥을 공급하는 방법은 무엇일까? 첫째, 독서야. 책을 읽어야 의지가 밥을 먹고 강한 의지를 가진 사람이 되는 거야. 그런데 너는 일 년을 통틀어 책을 몇 권이나 읽어? 학교에서 배우는 학과의 책도 책인데 그 책이라도 끝까지 읽어봤니? 그 책을 읽고 공감하는 부분과 네 생각과 다른 부분을 확인해 봤어? 그런 작업을 통해서 네 생각의 크기가 깊어지고 넓어질 텐데 그런 작업을 하나도 안 했으니 생각하는 기능 자체가 쪼그라들었거나 아예 상실된 것이지."

그리고 어떤 모임에 참여하는 것을 권해도 좋다.

"한국엔 지방마다 〈나비모임〉이 있어. '나로 비롯되는 변화'라는 모토의 독서클럽이야. 주로 토요일 아침(새벽)에 모이는데, 거기엔 주로 CEO들이나 나름 세상에서 성공을 거둔 사람들이 많이 모여. 왜 나름 잘 나간다는 사람들이 그곳에 모일까? 그 황금 같은 휴일 새벽에 말이야. 마음에 밥을 주기 위해서야. 농촌에서도 새참을 먹을 때나 밥을 먹을 땐 일손을 멈춰. 동시에 휴식의 시간이기도 한 거지. 휴일이라는 말은 무조건 잠자고 TV나 보고 영화 보고 음악 듣는 시간, 재미있게 노는 시간이라고 착각하는데, 휴일은 생존에 관계된 일을 잠시 내려놓고 마음(정신)에 밥을 주는 시간이야. 그러니까 그냥 널브러져 자는 것만이 휴식은 아닌 게지. 빌 게이츠(Bill Gates)는 마이크로소프트사를 운영하던 시절부터 매년 두 차례(주로 한 번은 봄, 한 번은 가을) 집중적인 사색과 학습을 위한 생각 주간(Think Week)을 가졌다고 해. 그 기간에 그는 외부와의 접촉을 최소화하고, 최신 기술, 경제, 과학, 사회 문제 등에 대한 심층 연구를 했다고 해. 일 년의 모든 사업구상이 그때 나온다는 게 신기하지 않아? 쉬는 시간을 통해서 아이디어를 찾는 것이지. 그

쉬는 시간에 그들이 하는 일 중 하나가 독서야. 그것도 인문학 관련 독서지."

그리고 몸을 움직이도록 독려하는 것이 좋다. 혼자만 하게 말고 같이 움직이도록 하는 것이 좋다. 탁구나 테니스 등 구기 종목을 온 가족이 같이 하거나 저녁을 먹고 나면 산책을 한 시간 하는 등 온 가족이 다 참여하는 루틴을 정하는 것이다. 억지로라도 참여하게 해서 몸에 배게 하는 것이 좋다. 예열하려면 시간이 조금 필요한 것처럼 무기력에 찌들어 있던 아이를 예열하려면 억지로라도 데리고 나가야 한다.

"네가 마음에 밥을 먹이는 두 번째 방법은 몸을 많이 움직이는 거야. 침대라는 공간부터 벗어나고, 네 방이라는 공간부터 벗어나야 해. 가벼운 산책도 좋고 운동은 더더욱 좋아. 설거지 및 집 청소 같은 것도 아주 좋지. 네가 지금 할 수 있는 것부터 시작해 보자. 악기를 배우는 건 아주 좋은 생각이야. 손가락을 움직이고 악보를 보려면 집중도 해야 하는데 배울수록 실력이 늘어나면 자기효능감까지 가질 수 있으니까. 네가 몸을 안 움직이면 생각 귀신의 노예로 살 수밖에 없지만 몸을 움직이기 시작하면 무기력과 생각 귀신의 손아귀에서 벗어날 수 있다는 걸 기억해."

# 너의 억울함에 근거가 있니?

 사춘기 자녀는 부모에게 늘 억울해한다. 이럴 때는 공감할 게 아니라 질문을 통해 생각하게 해야 한다. 부모의 생각을 알려줘도 된다. 질문을 통한 접근은 언제나 좋은 방법이다.

 "네가 억울하다고 할 때는 네가 뭔가 열심히 해서 어떤 결과를 얻었는데 그 수고와 공적을 인정해 주지 않았다거나 아니면 너는 잘못을 한 일이 없는데 부모가 잘못했다고 단정짓고 추궁하거나, 작은 잘못인데 큰 꾸중을 들었을 때, 의도는 좋았는데 결과가 좋지 않아 의도까지 부정적으로 처리된다고 생각할 때가 아닐까? 넌 어떻게 생각해?"

 이 질문은 부가 의문문이라 꼭 대답을 듣지 않아도 된다. 지금 당장 답을 내놓으라는 뜻이 아니다. 시간을 두고 조금씩 생각해 보라는 일종의 화두(話頭)이다.

"네가 억울하다고 느끼는 것에 대해 한 번 깊이 생각해 본 적 있어? 네가 억울하다고 느끼는 느낌은 너의 주관적 감정이야. 따라서 네가 억울하다고 느끼는 것 자체가 이상할 건 없어. 너로선 그럴 수 있다고 봐. 다만 네가 무조건 싫다고 하거나 안 한다고 하거나 인상을 찌푸리는 것은 생각이란 필터를 통과하지 않은 반사적 행동이 아닐까? 생각이 깊은 사람은 더러 마음에 들지 않는 상황이 있어도 감정적으로 휘둘리지 않거든."

그리고 억울함의 근거를 제시하라고 말해도 된다.

"너의 의견은 뭐야? 네가 생각하는 바를 이야기 해 봐. 식견(識見)이란 말이 있어. 지식이 있어야 의견이 생기는 것이지. 네가 가진 지식은 뭐가 있어? 학교 공부도 지식의 일부인데 학교 공부도 완전히 바닥이고, 그렇다고 독서하거나 신문을 보는 것도 아니잖아? 기껏 인터넷이나 스마트폰을 통해서 보는 정보, 유튜브를 통해서 얻는 정보들이지? 물론 유튜브도 지식 채널이 있어서 그 채널을 구독하면 유용한 지식이 쌓일 수 있어. 그렇다면 네가 따로 구독하는 지식 채널이 있어야 하는데 그런 채널을 몇 개나 구독해? 정보가 냄비라면 지식은 뚝배기에 해당하지. 라면은 냄비에 끓여먹어. 빨리 끓어야 하니까. 그런데 오랜 시간 끓여낸 국물 요리는 뚝배기에 담아내지. 뜨거운 온도를 계속 유지해야 하니까. 너는 냄비일까 뚝배기일까? 네가 스스로 판단해 봐. 냄비를 만드는 공정은 아주 간단해. 그냥 알루미늄 강판을 성형 틀에서 찍어내면 돼. 몇 초면 충분하지. 그런데 뚝배기는 흙을 채취해서 고운 입자로 걸러내고 빚은 후에 유약을 발라 고온에서 구워야 하지. 물론, 우리 사회에 냄비 근성이 팽배해져 있기는 하지만 그래도 뚝배기처럼 살아야 하는 거야. 냄비처럼 살지 뚝배기처럼 살지는 네 몫이야."

# 왜 너의 화분엔
# 싹이 안 나냐고?

✕

**사례** 고2 아들을 둔 엄마가 있었다. 학교도 안 가고 게임만 했다. 밥도 제시간에 안 먹었다. 아무리 잔소리를 해도 들은 체 만 체했다. 대놓고 무시했다.

어느 봄날 그 엄마가 식구 숫자대로 4개의 화분을 샀다. 각자의 화분에 이름을 써 붙이고 베란다에 예쁘게 나열해 두었다. 일주일쯤 지나니 화분에서 예쁜 싹이 올라왔다. 그런데 아들의 화분에선 싹이 트지 않았다. 조금 늦을 수도 있다고 여겼다. 그런데 몇 주가 더 흘러 다른 식구들 화분엔 줄기가 꽤 자랐는데도 아들의 화분에는 싹이 틀 기미도 보이지 않았다. 어느 날 아들이 물었다,

"아니 내 화분에는 왜 싹이 안 나? 다른 식구들 화분에는 다 싹이 나

서 줄기가 이만큼 쑥 올라왔는데 내 화분에는 왜 아무것도 없어?"

그러자 엄마가 이렇게 말했다.

"왜냐하면 네 화분에는 아무것도 심지 않았거든."

"아니 왜 내 화분에는 아무것도 안 심었어?"

"네가 지금 하는 짓이 그렇거든. 아빠는 직장인으로 성실히 일해서 온 가족을 먹여 살리고 있지. 그래서 아빠 화분에는 씨를 뿌렸고. 엄마도 직장 다니면서 주부 역할까지 하니 씨를 뿌렸어. 네 누나도 학업을 성실히 이행해 성적 장학금을 받고 알바까지 해서 자기 용돈도 벌고 있으니 씨를 뿌렸어. 그런데 너는 하는 게 아무것도 없잖아? 학교를 갔다 오면 오로지 게임만 하거나 스마트폰만 만지작거리지, 게임하느라 늦게 자니 아침에 못 일어나고 학교에 지각하거나 무단결석까지도 하지, 학교 공부도 안 하고 그렇다고 독서하는 것도 아니고 무슨 기술을 배우는 것도 아니고 음악이나 미술 관련한 실력을 갖추는 것도 아니니 네 화분엔 뿌릴 씨앗이 없어. 네 인생도 마찬가지야. 네가 뿌린 게 없으면 거둘 것도 없어. 학생 때는 인생을 준비하는 시간이고 화분에 씨를 뿌리는 것과 같은 거야."

이렇게 말한 다음 권유의 기술을 사용하라. 김성효의 《교사의 말 연습》에서는 이렇게 말한다.

"특히 교실에서 온갖 문제를 일으키는 학생들과 이야기 나눌 때 꼭 기억해야 할 것이 권유의 기술입니다. 권유하는 대화는 더 나은 해결책을 찾아 아이 스스로 찾아낼 수 있도록 이끌어줍니다. 아이의 뾰족하게 날 선 마음을 먼저 인정하고 성큼 다가서는 권유의 대화법을 함께 익혀보셨으면 합니다."

교사가 학급에서 아이들 만날 때 쓰는 기술이지만 가정의 교사가 부모라면 원리는 동일하다. 권유의 기술을 적절히 사용해 보자.

"조금 늦긴 했지만, 지금이라도 네 화분에 네가 좋아하는 꽃씨를 직접 심어 보는 건 어때?"

## 엄마에게 상처받았다고?

필자가 진행한 어느 집단상담에서였다. 40대 후반의 남자 둘이 자기의 어린 시절을 이야기했다. 안 모 씨는 초등학교 5학년 때인가 엄마로부터 호된 회초리를 맞았다고 했다. 거짓말을 했다는 이유였다. 자기는 거짓말을 하지도 않았는데 엄마가 자초지종을 제대로 들어보지도 않고 일방적인 매질을 했다고 하면서 그런 엄마를 절대 용서할 수 없다고 분노했다. 그 모습을 지켜보던 신 모 씨도 똑같은 일을 겪었다고 했다. 그런데 신 씨는 그 사건을 계기로 무슨 일이 있어도 거짓말을 해서는 안된다는 것을 삶의 철학으로 삼았다고 했다. 자신의 오늘은 그때 어머니의 호된 회초리 덕분이었다며 감사와 그리움의 눈물을 흘렸다.

사춘기 자녀들은 쉽게 상처받는다. 상처를 받는 이유는 말하는 사람의 말이 진리라고 믿기 때문이고 자기가 순간적으로 생각했던 것들을 진리라고 믿기 때문이다. 이것은 확증편향(confirmation bias)의 오류로, 인간이 자신의 믿음, 의견, 가설을 뒷받침하는 정보만 받아들이고, 반대되거나 이를 반박하는 정보는 무시하거나 축소하는 경향을 말한다. 많은 어른도 확증편향의 오류에서 벗어나지 못하는데 하물며 아직 미숙한 사춘기 자녀이랴!

상처를 받았다는 건 자녀의 심리적 맷집이 형편없이 약해서이기도 하다. 마치 면역체계가 약한 사람이 작은 세균에도 금세 감염되는 것과 같다. 모든 사람의 몸엔 암세포가 존재하지만 그렇다고 암 환자라고 규정하진 않는다. 면역체계가 정상적으로 작동하고 있으면 걱정할 필요가 없다. 마음도 마찬가지다. 살다 보면 속상함, 화, 억울함, 짜증, 비참함, 답답함, 외로움, 자괴감 등 온갖 감정을 느낀다. 누구나 그런 감정을 느낀다. 다만 그것들은 감정일 뿐이고 감정에 함몰되지 않는 이유는 심리적 맷집 덕분이다.

그리고 혹시 아직 아물지 않은 상처가 있다면 쉽게 상처받는다는 부분을 주의 깊게 살펴야 한다. 이를테면 팔을 다쳐 몇 바늘 꿰맨 상태인데, 친한 친구가 반갑다며 팔을 툭 치면 자지러진다. 그 친구는 상처 주려는 의도가 전혀 없이 평소와 똑같이 행동했을 뿐인데 상처를 툭 치는 바람에 비명을 지르게 만든 것이다. 혹시라도 자녀에게 지금까지 살아오면서 누적된 상처가 있을 수 있다. 상처란 본래 받은 사람만 기억하고 준 사람은 기억을 안 한다. 그러니 상처받았다고 할 때 먼저, 그

말 자체를 들어주고 질문을 통해서 확인하는 게 필요하다.

"엄마(아빠)로부터 상처받았다고? 어떤 부분에 얼마만큼의 상처를 받았어?"

아이에게 자기가 받은 상처와 그 이유에 대해서 충분히 말하게 하는 것은 중요하다. 어떨 때는 상처받았다고 하면서 말을 시작했다가 자기 생각에도 상처가 아님을 깨닫기도 한다. 일종의 털어내기 효과를 본 것이다. 《털어내기와 건강》의 페니 베이커 박사는 글쓰기 치료의 창시자인데, 말이든 글이든 어떤 형태로든 털어내면 정신건강에 큰 도움이 된다고 하였다. 아이의 말을 듣고 보니 부모의 강압적인 태도나 말이 정말 자녀에게 상처가 되었다면 그때는 잘못을 인정하고 사과해도 좋다.

그런데 아이가 상처 타령만 한다면 그때는 한마디 톡 쏘아주어라.

"상처받았다고? 정말? 상처받은 거 맞아? 근데 어쩌나. 난 너에게 상처를 준 일 없는데 말이야. 내가 너에게 상처를 주었다면 내가 의도를 갖고 한 행동일 텐데 나는 그런 의도를 가진 적도 없고 그냥 부모로서 마땅히 해야 할 말을 했을 뿐인데? 나는 상처 준 일 없는데 너는 왜 상처받았을까? 그리고 네가 말하는 상처는 '주관적 상처'야. 엄마는 누가 봐도 명백한 상처인 '객관적 상처'에는 책임을 지겠지만 너의 '주관적 상처'에는 책임지지 않아."

상처받았다는 이유로 거친 언행을 할 때는 한계를 그어주어야 한다. 아이가 마구잡이로 휘두르는 창검을 방패로 막는 일이다.

"네가 상처받았다는 이유로 그런 행동을 한다는 게 과연 정당할까?

부모가 무슨 의도로 말하는지에 대한 생각은 하나도 없고 상처 코스프레나 하면서 억울해하고 무슨 말만 하면 흰자위를 드러나고 거품 물며 소리 지르고 폭력을 행사할 것 같은 제스처까지 취하는 네 모습을 보면 황당하고 허망하기까지 해. 상처를 받았다면 사과할 수 있지만 네가 아무렇게나 행동하는 부분은 별개 문제고 네가 책임져야 할 부분이야."

그런데도 아이가 상처 타령을 계속한다면 한 번 더 말해주어라.

"네가 상처받았다고 말하는데 그 말을 듣는 내가 상처가 된다는 건 생각 안 해 봤어? 네가 상처받았다고 말할 때면 나는 한숨이 나오고 숨이 막히고 아득해져. 그건 내가 그동안 교육을 잘못했다는 후회와 함께 그런 태도로 일관하는 네가 세상을 어떻게 살아갈지 걱정돼서야. 네가 상처를 받은 게 아니라 네가 엄마에게 상처 주는 주체라는 생각은 안 해 봤어?"

## 왜 자꾸 인사하라 하냐고?

 인사만 잘 해도 먹고산다는 말이 있다. 정말 인사만 잘 해도 먹고 산다. 인사는 사람의 첫인상을 결정하는 요인이다. 심리학에선 사람의 첫인상이 결정되는 시간이 기껏 몇 초밖에 안 걸린다고 한다. 대기업 면접관들은 들어오는 지원자들의 얼굴과 걸음걸이만 봐도 어떤 사람인지를 대략 판가름한다고 한다. 첫인상은 두 번 줄 수 없다. 첫인상 주기에 실패하면 나머지 부분도 도매금으로 처리된다.
 첫인상을 보고 사람을 판가름하는 것은 오래전부터 형성된 생존 방법이었다. 예기치 않은 장소에서 낯선 사람을 만나면 적인지 친구인지를 구분해야 했다. 그것을 판가름하는 첫 기준이 첫인상이었다. 적이라고 판단하면 맞서 싸워야 했고 친구라고 판단되면 무장을 해제하고 같이 어울렸다. 악수의 유래도 비슷하다. 빈손을 내미는 것으로 나는 당신을 해할 어떤 무기도 갖고 있지 않다는 것을 보이는 것에서 시작되었다. 상대도 빈손을 내밀어 맞잡으면 친구가 되는 것이고 맞잡지 않으면 거부한다는 뜻이다.

외국에 나가 보면 선진국과 후진국의 차이가 인사에서 확연하게 드러난다. 선진국 사람들은 인사가 일상이다. 엘리베이터에서 눈이 마주치면 미소를 보내거나 가볍게 인사말을 건넨다. 후진국 사람들은 그냥 멀뚱멀뚱 쳐다본다. 그런데 한국 사람은 눈이 마주치면 피차 어색해하면서 외면한다. 인사는 여유가 있고 풍족하고 교양이 풍성한 사람에게서 자연스럽게 나오는 매너다. 옛날 왕족이나 귀족들일수록 인사 예법이 복잡했던 이유는 인사하는 것만으로도 사람을 평가할 수 있기 때문이다.

인사를 할 때는 표정을 담고 목소리를 담는다. 인상을 잔뜩 쓰고 화가 났거나 경직된 목소리로 하는 인사를 반갑게 들을 사람은 없다. 인상을 펴고 환한 웃음과 명랑한 목소리로 인사를 해야 호감을 얻는다. 개인적 기량이 출중한데도 성공 못 하는 사람이 있는가 하면 다소 부족한데도 성공하는 사람이 있다. 그 차이는 다른 사람의 호의와 도움을 끌어들이는 데 있다. 즉 다른 사람이 나를 좋아하게 만드는 것이고 그렇게 하는 가장 기본이 먼저 건네는 인사다. 인사는 관계의 시작임과 동시에 겸손한 사람임을 드러낸다.

인사에 대한 것은 교육 차원이라 제대로 정확하게 가르쳐야 할 부분이다. 인사법에 대해서 알려주어야 한다.

"네가 집에서 부모님께 인사하는 것은 가장 기본적인 행동이야. 어딜 나갈 때와 들어올 때 인사하는 것도 기본이고. 인사는 인사의 주체와 객체가 있어. 흔히 인사를 먼저 하는 쪽은 낮은 쪽이야. 네가 인사를 하지 않는다는 말은 이미 네가 부모보다 상전이라는 뜻을 내포하고 있어. 그러니 인사를 안 하면 건방진 사람, 예의 없는 사람, 기본 인성이 안 된 사람이라는 딱지를 붙여. 더구나 인사는 습관이라 어디에서 누구를 만나든 드러나게 되어 있지. 그러니 대기업의 면접관들이 입사 후보들의 인사하는 태도와 말투, 걸음걸이와 의자에 앉는 태도, 목소리만 들어도 그 사람의 됨됨이와 능력치를 측정할 수 있다는 말은 충분히 일리가 있지."

사실 아이들은 가족끼리의 인사 예법을 잘 모른다. 인사하라고 하니 어른들을 만나도 "할머니! 안녕하세요?"라고 건성으로 인사한다. 할머니에게 그렇게 인사하는 것은 아주 무례한 행동이다. 그 인사는 타인에게 하는 인사이지 가족에게 하는 인사가 아니다. 그러니 명절을 비롯한 원가족 모임이 있을 때 제대로 된 인사법을 가르쳐주어라. 다른 가족들이 그렇게 하지 않는다면 더 빛날 것이다. 인사를 받는 어른들도 더 많이 기뻐하고 칭찬해 줄 것이다.

"명절에 할아버지, 할머니를 비롯해 다른 어른들을 만날 때 호칭도 안 부르고 눈도 마주치지 않은 채 '안녕하세요?'라고 인사하는 것은 완전 무례한 행동이야. '안녕하세요?'는 타인에게 하는 인사야. '할아버지, 그동안 안녕하셨어요?'는 무방해. 그간의 평안을 여쭙는 것이니까. 가족을 만날 땐 반드시 호칭과 자기소개, 상황에 맞게 인사해야 해. 시골에 가서 할아버지를 뵈었다면 '할아버지! ○○이 왔습니다. 그동안 잘 지내셨어요?'라고 먼저 인사를 하고 덧붙여 '어디 편찮으신 데는 없나요?', '지난번 다쳐서 병원 가셨다던데 지금은 괜찮으세요?', '동네 분들하고 어디 여행 다녀오셨다는데 어땠어요?' 그렇게 하려면 할아버지에 대한 정보가 있어야 하고 그 정보는 평소 할아버지에 관한 관심에서 생겨."

# 웹툰 작가가 될 거라 공부 안 한다고?

"난 웹툰 작가로 살 거야."

"난, 프로게이머로 살 거야."

사춘기 자녀가 말하는 희망 직종에서 1,2위를 다투는 것이 웹툰 작가와 프로게이머다. 그 뒤를 이어 연예인이나 크리에이터가 되겠다는 응답도 많다. 부모 세대의 직업관은 안정 추구였으나 요즘 아이들은 자기실현을 추구한다. 돈을 많이 벌면서도 좋아하는 일을 하고 싶다는 데 말릴 부모는 아무도 없다. 아이들은 어른들이 선호했던 화이트칼라의 직업보다 스트레스 덜 받으면서 보다 창의적인 직업에 관심이 높다. 태어날 때부터 스마트폰이 신체의 일부였으니 대중화된 미디어를 통해 성공한 프로게이머나 웹툰 작가들이 유명인으로 대우받으며 높은 수익을 올리는 사례를 통해 아이들에겐 매력적인 직업으로 비치기 때문이다.

웹툰 작가가 되든 프로게이머가 되든 작곡가가 되든 어떤 직업을 갖든 그건 아이의 선택이고 자유다. 집으로 말하자면 아파트든 한옥이든 지중해식이든 전원주택이든, 목조주택이든, 스틸 하우스든 자기 취향대로 선택하겠다는 뜻이니 하나도 이상할 건 없다. 다만 아이들이 완성된 집의 모습만 생각하면서 웹툰 작가나 프로게이머를 최고의 직업으로 삼는다는 게 큰 문제다. 어떤 집을 짓더라도 기초 공사는 해야 한다는 점을 쉽게 간과한다. 하다못해 캠핑할 때 텐트를 치더라도 평탄 작업을 하는데 그런 작업에 대한 개념이 별로 없다. 그러니, 웹툰 작가나 프로게이머처럼 자기가 좋아하는 직업의 방향을 선택했으니 공부할 필요가 없다며 학업에서 손을 놓는다든지, 컴퓨터 게임에만 몰두하는 것은 철없는 생각이다.

공부를 하지 않고 좋아하는 것만 하겠다는 건 기초 공사 없이 집을 짓겠다는 것이나 모래 위에 집을 짓는 것과 같다. 집을 짓기 위해 대지를 확보하고 집을 지을 수 있는 기초를 다져놓는 작업이 공부라고 할 수 있다. 물론, 학교 공부만을 지칭하진 않는다. 학교 공부가 아니라면 홈스쿨링이나 대안학교를 통해서 학업 수준을 갖춰야 하고 독서와 신문읽기 등을 통해서 지식수준이나 세상을 보는 안목을 키워놓을 필요가 있다.

이 부분도 무조건 뜯어말리거나 부모가 생각하는 직업관을 주입하는 것은 금물이다. 이럴 때는 몇 가지 질문을 던져서 그 분야에 관한 생각의 지경을 넓히는 것이 좋다. 가정법을 이용한 질문을 던져보자.

"네가 유명한 웹툰 작가가 되었다고 하자. 네가 장기적으로 웹툰 작가로서의 명성을 이어가려면 지속적인 콘텐츠를 마련해야 할 텐데, 그 콘텐츠는 무엇으로 만들까?"

"미래에는 AI가 웬만한 웹툰 작가의 기능까지 한다고 하는데, AI가 따라올 수 없는 너만의 특별한 콘텐츠는 어떻게 만들 수 있을까?"

"웹툰 작가나 프로게이머가 방송 출연하는 사례도 많아. 그런데 자기 분야에선 탁월한데 기본적인 상식이나 교양이 부족하고 쓰는 언어가 천박하다면 시청자의 눈에 어떻게 비칠까?"

"예술 분야는 폭 넓은 인문학적 지식이 바탕이 되어야 깊은 예술성을 가질 수 있다고 해. 그래서 전시회에 연주회를 병행하는 예도 많고 또 음악가들이 전시회를 자주 찾기도 한대. 네가 폭 넓은 인문학적 지식을 갖추는 방법은 무엇일까?"

"유명인 중에는 인기 절정에 있다가 도덕적 문제로 하루아침에 나락으로 떨어지는 경우가 적지 않아. 탁월한 재능 덕분에 인기를 얻었지만, 그런 문제가 발생하면 이내 잊히고 말아. 반대로, 연예계에 몸담고 있으면서도 어떤 스캔들이나 도덕적 문제를 만들지 않는 사람들도 있어. 그런 사람의 차이점은 무엇이고 어떻게 하면 그런 사람처럼 살 수 있을까?"

예체능 전공 자녀들도 공부를 도외시할 가능성이 높다. 이때도 사례를 통한 질문으로 접근해 보자.

"한국이 낳은 유명한 첼리스트 장한나는 미국 하버드 대학에 입학

했을 때, 첼로가 아니라 철학을 전공하겠다고 했어. 한때 세간의 화제가 되었어. 그녀는 왜 철학을 전공하고자 했을까?"

아이가 자기 생각을 말한다면 그 대답을 또 다른 질문으로 연결해도 좋다. 그때의 질문은 Yes 혹은 No를 말하는 질문보다 자기 생각을 표현하는 질문이 좋다. 꼭 정답을 요구하는 게 아니니 그 자리에서 대답을 듣지 않아도 된다.

"장한나는 첼로 연주를 단순한 기술적 퍼포먼스가 아니라, 인간의 감정과 철학적 사유를 담아내는 예술로 생각했다고 해. 철학은 삶의 본질, 인간의 감정, 예술의 의미를 탐구하는 학문이기 때문에, 음악을 더 깊이 이해하고 표현하는 데 도움을 줄 수 있으리라 생각했던 거지. 여기에 대해서 어떻게 생각해?"

어떤 이야기를 들려주다가 중간중간 질문을 던져서 아이가 말하게 하는 것은 아주 좋은 교육법이다. 그래서 언제든 질문해도 좋다는 전제를 주어도 좋다. 어느 정도 이야기가 되었다면 결론지으면서 결단을 촉구하는 것도 좋다.

또, 미국의 경우 예체능을 전공하려고 해도 기본 학업 성취 수준이 미달이면 아예 예체능 쪽으로 갈 수가 없는 제도를 정보 차원에서 언급해 주는 것도 좋다.

"미국에선, 예체능을 전공하려고 해도 학업 수준 미달이면 입학 자체가 안 된다고 해. 특히 대학 입학이나 장학금을 신청할 때, 학업 성적(GPA), 표준화 시험 점수(SAT/ACT), 그리고 수학, 영어, 과학 같은 기본 과목의 성취도가 낮으면 입학을 불허한대. 그 이유가 뭘까?"

아이가 한 번도 생각해 보지 않았던 부분이라서 말을 못 할 수도 있다. 그럴 땐 유보하는 것도 좋다. 몇 시간 후나 며칠 뒤에 다시 물으면 된다. 그때 아이의 답을 가지고 또 다른 질문으로 연결하고 마지막은 권면으로 이어도 좋다.

"예술 분야 명문 학교인 줄리아드(Juilliard)나 RISD(Rhode Island School of Design) 같은 곳도 지원자에게 일정 수준의 학업 능력을 요구한다고 해. 또 예체능 장학금은 단순히 재능만 보지 않고 성실성을 나타내는 척도, 즉 학업 성적을 높이 평가한다고 해. 특히, 미국의 교육 시스템은 학생의 전인적 성장을 중요하게 여기는데, 예체능도 중요하지만, 학업, 커뮤니케이션 능력, 비판적 사고 등 다양한 능력을 종합적으로 평가하기 때문이야. 예체능 분야에서도 프로젝트 관리, 협업, 문제 해결 능력 등이 중요한데, 이러한 역량은 기본 학업 과정에서 키워지거든. 그리고 예체능에서 성공하려면 사업적 생각이나 의사소통 능력이 필요한데, 음악가는 재정 관리와 계약서를 이해해야 하고, 예술가는 자기 작품을 홍보하거나 전시 기회를 만들어야 하지. 그런 실질적인 능력은 기본 학업에서 배운 기초적인 지식(수학, 영어, 경제 등)을 통해 강화되니 예체능 쪽이라고 공부를 안 해도 된다는 논리는 성립이 안 되겠지?"

## 좋아하는 일만 하며 살겠다고?

자녀가 좋아하는 일을 하며 살고 싶다는 것은 자기가 좋아하는 일에 열정을 쏟겠다는 뜻이고, 좋아하는 분야가 있다는 것이니 부모로선 기쁜 일이다. 그 자체는 얼마든지 받아주고 공감하고 지원해 주어라.

"네가 좋아하는 일을 하면서 살고 싶다는 생각은 정말 멋진 꿈이야. 많은 사람이 그런 삶을 원하지. 어떻게 그런 생각을 하게 되었어?"

그런 후에 더 현실적인 측면을 같이 탐색해 보는 것도 좋다. 이때도 질문으로 접근하면 좋다.

"네가 좋아하는 일을 하면서 돈을 벌고, 생활비를 감당하려면 어떤 준비가 필요할까?"

"아무리 좋아하는 일이라도 싫증이 나거나 지루해질 수도 있고 힘들어서 하기 싫을 수도 있을 텐데 그럴 땐 어떻게 해야 할까?"

"네가 좋아하는 그 일을 오랫동안 계속하려면 어떤 조건이 필요할까?"

"나도 어렸을 때는 좋아하는 일만 하면서 살 수 있을 거라는 막연한 기대를 했던 적이 있었어. 그런데 좋아하는 일을 하기 위해선 내가 별로 좋아하지 않는 일들도 해야 할 때가 많더라. 여기에 대해 넌 어떻게 생각해?"

이런 대화가 충분히 오갔다면 부모는 자기 경험도 이야기해 주고 타이르듯 말해줄 수 있다. 혼낼 이야기도 아니고 잔소리의 개념도 아니다. 그냥 부모로서 들려줄 이야기이고 아이가 생각하게 할 내용이다.

"네가 좋아하는 일을 하며 살고 싶다는 생각을 정말 응원해. 나는 네가 그 꿈을 이룰 수 있도록 도와줄 거야. 같이 계획을 세워보자."

부모는 자녀가 미처 생각하지 못했을 부분에 대해서 질문으로 접근해도 좋고 아니면 이야기처럼 해 주어도 좋다.

"좋아하는 일과 잘하는 일 중 어느 쪽에 집중해야 성공할 수 있을까?"

이렇게 화두를 던지고 많은 이야기를 나눌 수 있다면 더더욱 좋다.

"좋아하는 것과 잘한다는 것은 같은 개념이야. 좋아하지도 않는데 잘할 리 없고 잘하지 않는데 좋아할 리 없지. 그다지 좋아하지 않던 일도 잘하게 되면 좋아할 수도 있어. 좋아하는 일을 잘해서 성공하면 그건 최고의 인생일 거야. 흔히 무슨 일이든 목숨 걸고 덤벼드는 놈을 당할 사람이 없다는데 그 사람을 이기는 유일한 사람은 즐기는 사람이야. 즉 좋아하는 사람을 이길 수 없다는 뜻이야. 그래서 세상에서 제일 좋은 건 노는 게 직업이 된 사람이고 자기 일을 놀이처럼 여기고 사는 사람이야. 놀려면 창의성이 필요하고 거기에 따른 능력이 필요하지. 노는 것도 무능한 사람에겐 지루하기 짝이 없는 일이야. 스키도 못 타는 사람이 스키장에 가는 것은 재미없는 일이고 수영도 못 하는 사람에게 바다는 매력 없지. 반면 스키에 능숙한 사람일수록 스키장에서도 상급자 코스를 선택하고 서핑에 능한 사람일수록 높은 파도에 쾌재를 부르지."

가상의 리스크(risk)를 생각하게 하는 질문을 던지는 것도 좋다.

"그런데 한 가지 현실적인 생각을 해 보자. 아무리 자기가 좋아하는 일을 한다고 해도 그게 기본 생활을 못할 정도의 수입만 창출한다면 정말 좋아하는 일을 즐길 수 있을까?"

사례를 통해 부모가 말하고자 하는 것을 입증해도 좋다.

"많은 청춘이 안정적인 연봉을 받는 직장을 다니긴 하지만, 자기가 진짜 좋아하는 일은 아직 찾지 못했다고 해. 대기업에 입사해서 높은 연봉을 받으며 남들의 부러움을 받았는데 몇 년 지나고 나니 자신이 소모품같이 느껴지고 직업적 환멸이 들어서 직장을 그만두는 사람들이 늘어나는 추세라고 해. 정말 자기가 좋아하는 일이 뭘까를 고민하다 어떤 이는 세계 일주 여행을, 어떤 이는 공방을, 어떤 이는 개인 사업을, 어떤 이는 최소한의 생계만 유지하고 나머지는 여유와 낭만을 즐긴다고 해. 언젠가 TV 다큐멘터리 프로그램 중 강원도 양양에서 서

핑을 즐기는 젊은이들을 본 적 있어. 서핑 관련 물품을 팔거나 강습을 히기도 하고, 어떤 이는 게스트하우스, 어떤 이는 작은 카페를 열어서 최소한의 생계를 유지하기 위한 일을 하는데, 파도가 좋은 날은 가게 문을 닫고 오롯이 서핑에 집중한대. 연봉은 훨씬 적지만 삶의 만족도는 훨씬 높아 더 행복해한다고 해. 그런데 아무리 그렇더라도 최소한의 생계가 유지되지 않는다면 행복할 수 있을까? 미니멀 라이프를 실천하면 되겠지만 그것도 최소한의 것은 갖춰야 하지. 그래서 좋아하는 일을 하려면 그 좋아하는 일을 잘해야 해. 글쓰기를 좋아하는데 읽어주는 사람이 아무도 없는 작가는 소용없고 노래를 좋아하는데 누구도 들어주지 않는 가수는 효용이 없지."

여행 유튜버가 되겠다는 자녀가 있다면 이렇게 말해주어라.

"네가 여행을 좋아한다고 하자. 여행을 하려면 경제적 능력, 언어능력, 시간적 여유와 인간친화력, 매너와 상식, 임기응변의 능력이 절대적으로 필요해. 그런 능력이 바탕이 되어야 여행이 즐겁지. 그런 능력이 없는 상태에서의 여행은 고통이고 불편하기 짝이 없는 일이야. 그러니 좋아하는 일만 하겠다고 말하려면 먼저 너의 능력을 입증해 보이는 일이 필요하겠지. 그 능력을 어떻게 갖추는지는 굳이 설명하지 않아도 알겠지? 결국 네가 좋아하는 일만 하고 싶어도 실력이 없을 땐 망상에 불과해. 피아노 연주회를 갔는데 연주자가 계명만 친다면 화를 내면서 연주장을 나갈 거야. 아무나 연주할 수 없는 연주를 해야 하고 똑같은 연주곡을 연주하더라도 자신만의 색깔을 드러내는 연주를 할 때 그 특별함을 보려고 관객들은 비싼 돈을 내는 거야."

좋아하는 것의 개념도 정확히 해 줄 필요가 있다.

"네가 잘하는 게 뭐 있어? 게임? 그래, 게임도 아주 잘하면 그걸로 먹고사는 직업이 될 수도 있어. 게임이라도 단순한 게임이 아니라 일반인들이 도달할 수 없는 높은 수준의 실력이어야겠지? 잠자기 좋아하고 멍 때리기 좋아하고 유튜브 시청하기 좋아하고 폰 만지기 좋아한다고? 그건 좋아하는 게 아니라 중독에 해당하지. 앞에서 말했잖아? 좋아한다는 건 잘한다는 말과 연결되어야 비로소 그 가치를 발휘하게 되는 것이라고."

## 돈 좀 마음껏 써 봤으면 좋겠다고?

"눈치 보지 않고 돈 마음대로 실컷 쓰고 싶어. 그래서 난 돈 벌 거야."

요즘 이렇게 말하는 아이들이 많다고 한다. 아이들의 꿈이 건물주라는 이야기는 참 씁쓸하다. 그래도 아이든 어른이든 그런 욕구가 이상한 건 아니다. 모든 사람은 지금의 생활 수준보다 훨씬 더 넉넉하고 풍요롭기를 바란다. 돈이 모든 것을 다 할 수는 없지만 돈으로 할 수 있는 일은 돈이 없을 때보다 훨씬 더 많다. 갖고 싶은 건 무엇이든 사고 가고 싶은 곳은 어디든 가고 먹고 싶은 걸 먹는 것은 누구나 가지는 욕구다. 그것이 탐욕으로 발전하거나 그 욕망 때문에 자기 비하로 간다면 안타까운 일이다.

부모는 자녀가 돈을 많이 벌고 마음껏 써 보고 싶다고 하는 마음은 그 자체로 받아주어라.

"돈을 많이 벌고 번 돈을 마음껏 쓰고 싶은 욕구는 지극히 자연스러운 거야. 엄마 아빠도 가끔 그런 생각을 해. 가끔 주말마다 복권을 사려고 복권 가게에 줄을 선 사람들을 보면 정말 많은 사람이 그런 삶을 꿈꾼다고 봐야겠지. 다만, 그 바람을 현실로 만들려면 그에 걸맞은 경제력을 갖추어야 해. 학생 때는 용돈을 받아쓰는 처지라 마음껏 쓸 수 없는 시기이긴 하지. 그래서 학생 때는 돈을 마음대로 쓸 수 있는 어른이 되기 위해 준비하는 시기야."

그리고 질문을 던져서 생각하게 해야 한다.

"그런데 정말 원하는 만큼 돈을 벌어서 원하는 대로 쓰는 것이 과연 행복일까?"

이럴 때 가정법을 써서 상상력을 동원하게 해도 좋다.

"만약, 너에게 매일 천만 원씩 한 달간 쓰라는 숙제를 준다면 넌 어떨 것 같아?"

그런 가정하에 어떤 물건을 구매할지, 무슨 일을 할지를 상상해 보고 거기에 들어가는 비용을 산정해 보는 일도 좋다. 이런 이야기를 들려줘도 좋다.

"어떤 재벌가로 시집을 간 가난한 집 출신의 여자가 있었어. 시어머니는 며느리에게 이 집의 며느리가 되었으니 매일 천만 원의 돈을 한 달간 써야 한다는 과제를 주었대. 조건은 자신만을 위해 혹은 자신과 관계있는 사람들만을 위해 써야 한다는 것이었고 단체에 기부하거나 남을 돕는 일은 허락되지 않았어. 처음 며칠은 평소 언감생심이었던 물품들을 구매했어. 그리고 가족, 친구, 지인들에게 맛있는 음식도 사주고 여행도 하고 선심을 썼어. 그런데 며칠 쓰고 나니 더 이상 쓸 곳이 없었어. 아무리 비싼 음식을 먹는다 해도 혼자 혹은 지인 몇 사람과 먹는 음식값과 비싼 호텔 숙박비를 지급해도 돈이 남았어. 또 명품 옷이나 가방, 시계, 화장품을 마음껏 산다 해도 몇 가지 사고 나면 더 이상 살 게 없었던 거야. 돈을 실컷 쓸 수 있는 특권을 받았지만, 며칠 지나고 나니 엄청난 스트레스가 됐지. 그래서 깨달았다고 해. 자기만을 위해 쓰는 돈은 그렇게 행복한 일이 아니라는 것을 말이야."

그 이유를 들려준 후에 질문을 던져보아라.

"하루에 천만 원이라면 한 달에 3억 원인데, 왜 시어머니는 그런 숙제를 줬을까?"

아이가 자기 생각을 이야기 하도록 기회를 만들고 질문한 후 좀 기다려주어라.

"그냥, 네 생각을 물어보는 거야. 네가 만약, 그 집의 며느리라면 어떨 것 같아?"

이렇게 물어도 좋다. 그리고 몇 가지 이야기 후에 부모가 또 다른 질문으로 생각을 끌어내도 좋다.

"돈을 행복하게 쓰는 건 단지 먹고 마시고 쾌락을 즐기는 차원만은 아닐 거야. 만약, 그렇게 쾌락 위주로 돈을 쓴다면 어떤 일이 생길까?"

"왜 부자 중에는 기부하는 사람들이 많을까? 세계적인 갑부로 알려진 이들은 많은 경우 엄청난 기부자들이기도 하거든. 왜 그럴까?"

"만약, 너에게 매일 100만 원의 돈을 써야 하는 조건을 걸고 그것을 한 달 동안 계속하게 한다면 너는 무엇부터 할래? 어디에 돈을 쓸래? 한 번 상상해 볼까?"

그런 상상력을 동원해서 생각해 보면 돈은 버는 것보다 쓰는 것이 훨씬 더 중요하다는 것을 깨닫게 될 것이다. 그렇게 깨달았다면 조용히 훈계해도 좋다. 그럴 때는 설교조의 언어보다 스토리를 들려주는 것이 좋다. 앞에서 말했던 어떤 재벌가의 며느리 이야기도 좋다.《행복하기란 얼마나 쉬운가!》,《행복한 삶으로의 초대》의 저자 앤서니 드 멜로 신부님의 이런 이야기를 들려주어도 좋다.

유럽의 어느 시골 마을에 가난한 농부가 살고 있었다. 마을에 이상한 소문이 하나 돌았다. 산 위에 있는 수도사가 엄청난 부자라는 것이었다. 그래서 농부는 수도사를 찾아가서 말했다.

"당신이 엄청난 부자라는 소문을 듣고 왔소. 당신이 가진 부를 좀 나눠주시오."

그러자 수도사는 금덩이 하나를 가지고 오더니 두말없이 농부에게 건네주었다.

"이것을 말하는 모양이오. 자! 가져가시오."

금덩어리를 받아 든 농부는 황급히 수도원을 빠져나왔다. 혹시라도 변심한 수도사가 돌려달라고 할지도 몰라 뒤도 돌아보지 않고 뛰었다. 금덩어리를 안고 온 농부는 행복한 고민에 빠졌다. 어떻게 할까를 고민하다 보니 잠이 안 올 지경이었다. 그런데 다음날부터 농부는 마음이 불편해졌다. '혹시라도 내가 금덩어리를 받아왔다는 소문이 나서 도둑이 든다면?', '혹 강도가 와서 내 목숨을 빼앗고 금덩어리를 가져간다면', '혹시라도 소문을 들은 마을 사람들이 금덩어리를 나눠달라고 하면?' 그때부터 농부는 밥도 제대로 먹을 수 없었고 잠도 제대로 잘 수 없었다. 밭에 가서 일을 할 수가 없었고 어디 마음 놓고 외출할 수도 없었다. 며칠 동안 내내 힘겨웠던 농부는 결국 금덩어리를 들고 수도사를 찾아가 되돌려주며 말했다.

"내가 말하는 부는 이 금덩어리를 말하는 게 아니오. 금덩어리를 아무렇지 않게 내어준 당신의 부, 그 부를 진짜 갖고 싶소."

## 게임만 하면서
## 살고 싶다고?

게임만 하면서 살고 싶다는 마음이야 이상할 게 없다. 재미있고 짜릿하고 시간 가는 줄 모를 만큼 푹 빠지게 만드는 게임만 하고 사는 곳이 아이들 생각엔 지상천국일 것이다. 더구나 게임의 세계에서 높은 레벨에 올라 남들의 부러움과 찬사를 받는 중이라면 더더욱 그럴 것이다. 학교 공부는 재미도 없고 힘겹기만 한데, 게임은 재미도 있고 레벨도 있고 유명세도 가질 수 있고, 게임의 세계에만 오면 아이는 유능한 존재가 되기에 가슴이 뿌듯해질 것이다. 게임의 상위 레벨에 올랐다면 거기에 오르기까지의 수고와 능력은 인정할 필요가 있다. 그렇게 높은 레벨에 올랐다면 다른 분야에서도 그 레벨에 오를 가능성이 있다. 게임이든 직업의 세계든 어느 정도 레벨에 오르는 조건이 비슷하기 때문이다.

아이 말대로 게임만 하면서 살면 어떤 일이 생길지에 대해서 질문으로 접근해 보아라.

"그래! 네 말대로 아무것도 안 하고 오로지 게임만 하면서 산다고 하자. 밥도 컴퓨터 모니터를 켠 채 먹고, 잠도 잠이 올 때 자고 수면시간 같은 거 구애받지 않고 원하는 만큼 게임을 한다고 치자. 그런 시간이 몇 달간 이어진다면 어떤 일이 생길까?"

이 질문에 대한 아이의 응답을 가지고 부모는 또 다른 질문으로 연결할 수 있다.

"밤낮이 바뀌었고 먹는 것도 제시간에 안 하고 어쩌다 먹게 되면 폭식하고, 음식의 종류도 인스턴트나 튀긴 음식, 탄산음료 위주의 정크푸드가 대부분이야. 잠도 제대로 못 자서 충혈된 눈에, 피곤에 찌든 몸 상태로 몇 개월을 보내면 어떻게 될까? 몸이 버텨낼 수 있을까? 요즘 10대, 20대 청춘들에게서도 성인병이 발발하고 있고, 20~30대의 암 환자가 급증하고 있는데, 그 원인이 10대 때 무너진 생활에서 온대. 안 좋은 음식, 안 좋은 수면 습관에 컴퓨터만 하느라 운동도 하지 않아서 몸의 균형이 마침내 깨진 것이지. 이 말에 대해서 어떻게 생각해?"

설교가 되었든 훈계가 되었든 말을 한 후에는 반드시 질문을 던져서 아이가 자기 생각과 느낌을 말하게 하라. 처음엔 시큰둥하게 나오거나 귀찮다며 회피할 것이다. 그래도 질문하고 억지로라도 대답하게 하라. 그래야 생각하는 힘이 길러진다. 생각을 깊이 해야 깨닫고 깨달아야 스스로 행동을 고친다. 가상의 질문을 던지는 것도 좋다.

"즐겁고 재미있는 것만 한다는 건 상상만으로도 행복하지. 놀이동산에서 자유이용권을 끊으면 그날 하루 그 안에서는 원하는 것을 다 할 수 있어. 놀이기구도 몇 번이나 반복해서 탈 수 있어. 사람들이 몰려 줄만 서지 않는다면 말이야. 그런데 자유이용권에 우선 이용권까지 얻었다고 해 보자. 그날은 정말 신나는 날이겠지? 그런데 그 일을 매일 한다면 어떨 것 같아? 처음 놀이기구를 탔을 때 느꼈던 그 짜릿함과 흥분을 어느 때라도 느낄 수 있을까? 또 네가 좋아하는 치킨을 매일 하루 세 끼, 그렇게 한 달 내내 먹는다면 어떻게 될까?"

최근 긍정심리학에선 '쾌락적응현상(hedonic adaptation)'이라는 용어를 제시했다. 사람들이 긍정적이거나 부정적인 사건을 경험한 후 처음에는 강렬한 정서적 반응을 느끼지만, 시간이 지나면서 점차 그 감정이 희미해지고, 본래의 행복 수준 즉, 기저 행복 수준(set point)으로 돌아가는 심리적 경향을 말한다. 그러니까 아무리 좋은 것도 몇 시간, 며칠, 몇 개월 지나고 나면 금방 시들해진다는 것이다. 남자들이 새 차를 사면 얼마나 애지중지 하는지 모른다. 운전도 조심해서 하고 혹시라도 누가 긁지는 않을까? 하는 생각에 자다가도 벌떡 일어나 차를 살피러 다녀오기도 한다. 또 휴일이면 안팎을 얼마나 정성스럽게 닦는지 파리가 낙상할 정도도. 혹시라도 차 안에서 과자 부스러기를 떨어뜨리거나 음료를 흘리면 불같이 화를 낸다. 그런데 그 시간이 얼마나 오래 갈까? 10년 지난 차에도 그렇게 관심을 쏟을까? 10년은 너무 멀고 1년이라고 하자. 1년 지난 차에게 그렇게까지 신경을 쓸까? 물론, 차를 아끼고 관리하는 사람 중에는 변함없이 그렇게 하는 사람들이 있기는 하다. 그런 사람들을 보통 사람이 아니라 '마니아'라고 부르니 특수한 경우다.

그리고 또 생각하게 하는 질문을 던져라. 비유를 들어 설명하는 기술은 이럴 때 필요하다.

"게임만 하고 살겠다는 건 365일 내내 맑고 쾌청한 날만 계속되기를 바라는 것과 같아. 1년 내내 맑은 날만 계속되면 어떻게 될까? 그 상태가 몇 년 지속된다면 어떻게 될까? 인류가 멸망할 수도 있어. 왜? 비가 안 오니 농사를 지을 수 없고 농사가 안되니 식량 공급이 안 돼 굶어 죽어. 대신 고기를 먹는다고? 그 가축의 사료와 풀은 무엇으로 공급할까? 사료를 만드는 원재료는 농사를 통해 나오겠지? 하지만 농사를 지을 수 없는데 곡식이나 열매를 기대할 수 있을까? 비가 안 와 풀이 자라지 않는 데 건초를 만들 수 있을까? 게임만 하고 살겠다는 건 그런 개념과 같아. 여기에 대해 어떻게 생각해?"

## 그깟 돈이라고?

"그깟 돈 안 받아!"

사춘기 자녀들이 이렇게 말할 때는 용돈의 액수가 적거나 돈을 헤프게 쓴다는 잔소리를 들었을 때, 혹은 자기가 원하는 것을 비싸다는 이유로 부모가 거절할 때일 것이다. 자녀 관점에서는 아쉽고 섭섭하고 화가 나겠지만 그렇다고 부모가 실망하거나 미안해할 이유는 없다. 부모가 버는 수입의 정도는 부모의 최선이다. 더 벌 수 있는데 일부러 덜 버는 사람은 없다. 일확천금이나 부당한 방법으로 돈을 벌 수 있다 해도 하지 않는 것은 경제적 철학이 있기 때문이니 부모는 늘 자기 상황에서 최선을 다하고 있다. 혹시라도 자녀들이 TV나 SNS에서 연예인들이나 벼락부자가 된 사람들, 금수저 부모를 두어서 돈을 마음껏 쓰는 친구들을 보고 그런 볼멘소리를 한다면 그때는 야단을 쳐도 좋다.

"네가 그깟 돈이라고 하는 이유까지는 충분히 이해해. 그런데 그 말은 네가 혼잣말로 해야 할 말이지 부모에게 대놓고 할 말은 아니야. 네가 그깟 돈이라고 말하는 순간, 네 부모도 그깟 인간으로 동시에 처리되는 거야. 자식으로부터 그깟 인간으로 처리되는 건 인생을 살아야 할 의미를 통째로 잃는 것과 같아."

돈이라는 가치가 다른 가치들보다 높게 책정된 것에 대해 아이들만 탓하기엔 어른들의 잘못도 적지 않다. 명절에 세뱃돈을 주는 이상한 문화부터가 잘못된 것이다. 설날이 되면 아이들은 어른들이 줄 세뱃돈 액수를 설정하고 예산 편성까지 한다. 절은 건성으로 하고 냉큼 달려와 세뱃돈 달라고 손부터 내미는 행위는 잘못 가르친 것이다. 원칙부터 이야기하면 설날에 돈을 주는 문화는 중국 문화다. 한국 문화는 돈이 아니라 덕담을 해 준다. 새해를 맞아 자식은 부모와 어른의 평안과 건강을 기원하고 부모와 어른들은 덕담으로 화답한다. 덕담이라는 정신적 가치는 사라지고 돈이라는 경제적 가치만 남았다. 2025년 설날에 조카에게 세뱃돈을 줬는데 도대체 삼촌이 얼마를 벌기에 이것밖에 안 주냐는 소리를 했다는 조카 때문에, 화가 난 삼촌이 세뱃돈을 모조리 회수하고 누나에게 자식 교육 똑바로 하라고 했다는 기사를 읽었다. 아마 요즘 아이들의 가치관을 대변하고 있는 이야기일 것이다.

그리고 그깟 돈이라는 표현에 따끔하게 혼내고 화를 내도 좋다. 사람은 할 말과 하지 말아야 할 말이 있는데 하지 말아야 할 말을 했기 때문이다.

"그깟 돈이라니! 그깟 돈이라고 불리는 돈은 세상에 없어. 모든 돈은 땀을 흘린 대가야. 그런데 네가 그깟 돈이라고 표현했다면 수고와 땀까지 도매금으로 깎아내린 거야. 어쩌면 넌 돈을 버는 게 쉽다고 생각해서 그런 말을 할지도 몰라. 쉽게 돈을 번다는 것은 정당한 방법이 아니란 것이고 돈의 가치를 모른다는 뜻이야. 거기에 도박이나 복권을 통해서 벼락부자가 되거나 어느 날 갑자기 유명인이 되어 돈을 왕창 버는 것을 너도 기대하고 있다는 말이기도 할 테고. 그래. 말 나왔으니 그런 상상을 해 보자. 어느 날 오디션 프로그램으로 일약 스타가 된 연예인 중에는 그깟 돈을 흥청망청 쓰는 사람도 있지만 그 반대로 돈의 가치를 알고 의미 있게 쓰는 사람도 많아. 어떤 가수는 1년에 수백억을 버는 사람이 되었는데도 운전면허를 따지 않고, 어려웠을 때 타던 자동차를 바꾸지 않는 사람도 있었어. 돈이 부족해서 그렇게 못하는 것이 아니라 돈이 넉넉해도 그렇게 안 하는 거야. 초심을 잃지 않겠다는 마음이야. 또 신유빈 선수처럼 거액의 광고 수입이 생겼을 때 일정 금액을 꼭 기부하여 돈의 가치를 증명하는 사람도 있어. 어린 나이임에도 불구하고 돈의 가치를 알아. 그것은 인성이 바로잡혔다는 의미와 같아. 그래서 경기장에서도 늘 최선을 다하고 자기를 이긴 상대 선수를 위해서도 진정으로 박수를 보내주었어. 비록 2024년 파리 올림픽에서 개인 금메달을 따진 못했지만, 자신이 딴 동메달의 값어치도 알고 만족할 줄도 알고 귀하게 여길 줄도 알아. 그래서 신문기자들은 '금메달보다 더 값진 동메달'이란 표현을 썼어."

아직 학교에 다니고 있는 자녀라면 그렇게 훈계를 해도 좋지만, 성인 자녀가 되었는데도 용돈을 받아 쓰면서 그렇게 말한다면 타이름 정도가 아니라 호되게 야단을 치면서 일체 용돈을 끊는 페널티를 실행해야 한다. 이때 페널티의 이유가 반드시 아이의 언행으로 인한 것임을 확실히 알려줘야 한다.

"네가 네 입으로 '그깟 돈'이라고 했으니 나도 그깟 돈은 안 줄 생각이다. 성인이 돼서 용돈을 받아 쓴다는 것도 부끄러운데, 그 돈을 주는 부모까지 깎아내렸으니 너 스스로 용돈을 받아 쓸 자격을 박탈한 것이다. 성인이 된 너에게 용돈을 주는 것은 대학 생활을 하고 있고 대학은 인생 준비 기간의 연장선에 있어서 돈 버는 시기를 유보해 준 것뿐이야. 네가 '그깟 돈'이라고 한 것은 부모를 포함해서 네가 말하는 '그깟 돈'을 벌기 위해 수고하는 수많은 사람을 싸잡아 평가한 행동이야. 이 세상엔 '그깟 돈' 벌려고 애쓰는 사람들이 얼마나 많은 줄 알아? 불법이나 편법 쓰지 않고 일확천금을 기대하지도 않고 성실히 일해서 정직하게 자기 능력에 맞는 수입을 창출하려고 무던히 애쓰는 사람들이야. 그런 사람들은 너처럼 '그깟 돈'이라고 표현 하지 않아."

**사례** 성인이 된 아들로 인해 마음고생하는 부모가 있었다. 학교 다닐 때부터 기본 생활이 잘 안되는 아이였다. 어찌어찌 지방에 있는 대학에 들어갔는데, 출석도 하지 않고 수업도 안 듣더니 결국 학점미달로 제적을 당했다. 그렇게 집으로 돌아왔는데 완전히 뱀파이어가 되었다. 낮에는 햇살을 피해서 커튼 치고 잠을 자고 해가 떨어지면 일어나서 밖에 나가 자정이 아니라 새벽이 돼서 집에 들어왔다. 온갖 향락에 돈을 쓰느라 부족한 돈을 마련하더니 나중엔 부모의 물품까지도 팔

아치웠다. 부모가 용돈을 줄 때 몇 마디 하면 그때마다 '그깟 돈'이라고 불평했다. 이런 자녀는 공감 모드를 작동할 게 아니다. 물론, 그 이면에 깊숙이 박혀 있는 무기력의 이유를 탐색하는 것은 필요하다. 그러나 명백한 잘못이 있을 때는 꾸중을 해야 한다. 부모는 경제적으로 부족한 사람들이 아니었다. 부모의 경제력은 부모의 능력이지 그렇다고 자식에게 용돈을 풍족히 줘야 한다는 법칙은 어디에도 없다.

"삶에는 쾌락과 유흥도 필요해. 사람이 일만 하고 사는 건 아니니까. 네 아빠도 마음만 먹으면 언제든 쾌락과 유흥을 즐길 수 있어. 돈 있고 여유도 있고 시간도 있으니 얼마든 해도 돼. 열심히 일했고 능력이 되니까 누가 뭐라 하지도 않을 거야. 다만, 안 할 뿐이야. 쾌락을 굳이 좋아하지도 않거니와 그럴 이유도 딱히 없어서야. 그런데 네가 쾌락만 추구한다는 건 그저 생물학적 인간에 불과하단 거야. 먹고 마시고 잠자고, 쾌락을 추구하는 건 인간의 본성 중 하나인데, 쾌락만 추구하고 쾌락의 늪에 빠져 사는 것이 문제지. 그래서 그것을 일상생활이라 말하지 않고 중독이라고 해. 도박 중독, 알코올 중독, 인터넷 중독, 게임 중독과 같은 것들이야. 우리가 너를 걱정하는 건 네가 그런 중독에 빠져 인생을 허비할까 해서야. 꽤 쓸만한 재목인데 그저 땔감이 되어 사라진다면 그것만큼 아까운 일은 없을 테니까."

돈에 대한 철학은 부모가 정립되어 있어야 한다. 돈을 많이 벌어서 유용하게 사용하는 것은 아주 좋은 일이다. 돈은 돌고 돈다고 해서 돈이다. 돈을 버는 능력은 특별하고 대단한 능력이다. 돈이 눈에 보인다는 사람도 많다. 안목이 탁월하다. 그런 사람은 무슨 일을 해도 돈을 버는 사람이지만 무슨 일만 하면 돈을 까먹는 사람도 있다. 앞의 사람은 자기 사업을 하는 게 좋지만, 뒤의 사람은 사업이 아니라 주어진 일, 규격화된 일을 하는 편이 훨씬 지혜롭다. 그 또한 각 사람의 타고난 성향, 능력의 차이일 뿐 옳고 그름의 문제는 아니다.

어떤 유명 여자 연예인의 남편 직업이 의사였다. 그래서 사람들과 만날 때, 남편이 의사라고 하면 사람들은 "돈 많아 좋겠어요.", "생활이 여유롭겠어요."라고 부러워한다고 한다. 그런데 아내로 살아보니 그저 평범한 월급쟁이였다. 소득 수준이 일반인들보다 조금 높다지만 자기는 늘 연예인들 속에 있으니 그들 중 몇 사람이 엄청난 출연료를 받았다거나 구매한 건물의 차액이 몇 십 억씩 생겼다는 이야기를 듣고 나면 자신이 극빈자로까지 느껴질 정도라고 했다. 그래서 어느 날 남편에게 "당신, 병원에 소속된 페이 닥터 하지 말고 개업의가 되면 안 될까? 당신 능력에 비하면 지금 받는 돈이 터무니없이 적은 돈이잖아."라고 했더니 남편은 한마디로 거절했다. "개업의가 되면 소소한 수술을 많이 해야 하는데, 나는 큰 수술을 하고 싶지, 소소한 수술은 하고 싶지 않아. 그리고 병원을 운영하려면 수입을 창출해야 하고 그러려면 때론 원치 않는 수술이나 필요 없는 수술도 해야 하는 데 나는 의술로 돈을 버는 행위는 하고 싶지 않아." 그는 의사로서의 업(業)이 직(職)보다 우선하는 사람 즉, 물질적 풍요보다 정신적 가치와 의미를 추구하는 실존적인 인간이다.

# 네가 네 입으로
# 반항이라고?

반항이라는 말은 아이가 자기 입으로 쓸 말이 아니다. 그건 부모나 교사가 쓸 수 있는 말이다. 정치나 사회규범에서도 반항이란 단어를 쓰기도 한다. 1960년대 이후 등장한 포스트모더니즘(Postmodernism)은 철학적, 예술적, 사회적 사조로 진리의 상대성, 텍스트와 해체, 정체성과 다원성의 특징을 갖는데 그중에서 반항은 권위에 대한 불신에 해당한다. 개인의 정체성은 고정적이지 않으며 복잡하고 다면적이라는 포스트모더니즘에 따라 반항이라는 개념이 당연시됐다.

반항의 아이콘으로는 제임스 딘(James Dean, 1931~1955)이 대표적 인물이다. 그의 영화 〈이유 없는 반항, Rebel Without a Cause〉에서 전통적인 규범과 권위에 반발하며, 기존 체제에 의문을 던지는 모습을 보여주었기 때문이다. 이것은 포스트모더니즘의 권위 불신 및 해체적 성향과 맥락이 맞다. 영화나 음악에서 뭔가 반항의 태도를 가진 인물이 멋진 인물로 인정받는 경향도 적지 않다.

아이들이 자기 입으로 반항이라고 말할 때는 거역과 불순종, 패륜에 해당한다. 반항의 개념은 이렇다. 부모가 자녀의 진로를 A라고 설정해 놓고 어릴 때부터 그 방향으로 가라고 강요했다. 그러나 사춘기에 접어든 자녀가 A가 아니라 B를 할 때 재미있고 시간 가는 줄 모르고 행복하다는 것을 깨닫고 A가 아니라 B로 가겠다는 결심을 했다. 그래서 자기는 B라는 방향으로 인생을 살겠다고 부모에게 말했는데, 부모는 들으려고도 하지 않고 A를 강요했다. 그때 "난 A가 싫고 B를 할 때 행복해요. 아무리 A를 강요하셔도 저는 B를 할 거예요"라고 한다면 그것은 부모 관점에서 반항이다. 그런데 요즘 부모들은 A를 향해 가던 자녀가 어느 날 자신의 판단과 능력, 재능의 유무에 따라 B로 간다고 했을 때 만류하지 않는다. 오히려 아이의 생각을 지원해 주면서 그동안 A를 향했던 모든 지원을 그대로 방향만 틀어 B로 집중해 주려고 한다. 그런데 아이가 말하는 반항은 그동안 해 오던 A도 더 이상 안 하려고 하고 그렇다고 딱히 B나 C, 그 외의 어떤 방향으로도 가려 하지 않더니 어느 날 제 자리에 멈춰 서서 권리 100%, 의무 0%의 삶만 추구하려고 하는 것을 지칭한다.

이때의 부모는 반항의 의미를 정확하게 짚어줘야 한다. 이럴 땐 공감하려고 애쓸 필요 없다.

"네가 말하는 건 반항이 아니라 게으름과 무능력의 늪에 빠진 것을 위장하는 말 아닐까? 네가 반항이라는 말을 쓴다면 부모의 요구가 황당한 것이었을 때야. 부모를 대신해서 가족의 생계를 책임지라고 한다든지, 아니면 부모의 명예를 위해 너를 어떤 직업의 방향으로 가라고 압박하는 거라면 반항해도 좋아."

생활 태도에 관한 부분도 짚어서 반항이 아니라 거역임을 알려주어라.

"또, 무엇보다 기본적인 생활, 집 안에서의 생활로 네가 반항한다면 그건 명백히 거역이고 불순종이고 책임 회피에 해당해. 가족이 같이 생활하는 공동의 공간이 집이니 집에서의 생활, 언어 사용, 기본적인 의무이행, 그리고 네 방 관리, 스라벨(Study&Life) 맞추기, 다시 말해 자기 할 일, 학업 및 인생 준비 기간에 배워야 할 것들을 배우고 익히는 중에 오락(게임, 놀이, 쉬기 등)의 균형을 맞춰야 하는데, 너는 너의 즐거움을 위한 행위만 추구하고 너의 인생 준비를 위한 작업도 안 하고 가족 구성원으로 해야 할 기본 의무도 안 하고 있을 때 부모가 한마디 했다고 화를 내는 건 반항이 아니라 거역이야. 그러니 반항이라는 말은 네가 네 입으로 할 말은 아닌 거지."

## 디지털 시대에
## 글씨가 왜 중요하냐고?

　태어날 때부터 스마트폰이 신체의 일부가 된 요즘 자녀들에게는 글씨가 중요하지 않을 것이다. 글씨를 쓸 일도 많지 않다. 세상이 온통 디지털화된 것도 맞다. 그런데 세월이 지나도 변하지 않는 가치나 감성 같은 게 있다. 처음 TV가 등장했을 때 라디오는 지상에서 사라질 것이라고 했다. 눈으로 보는 게 나왔는데 귀로 듣는 라디오가 무슨 필요가 있냐는 것이었다. 그렇지만 라디오는 지금도 여전히 인기를 유지하고 있다. 라디오만이 가지는 감성이 있기 때문이다. 또 디지털 피아노가 나왔을 때만 해도 아날로그 피아노는 다 사라질 것이라고 했다. 물론, 아파트 문화가 보편화된 요즘엔 아날로그 피아노의 큰 소리와 무거운 무게, 넓은 공간 차지, 주기적인 조율이라는 불편 때문에 디지털 피아노로 대체하는 이도 많다. 그런데 유명 피아니스트가 독주회를 할 때 디지털 피아노를 쓰지 않는다. 또 디지털 피아노가 일반화될수록 아날로그 피아노는 도리어 더 비싼 몸값이 된다.

경기도 의왕엔 '사각사각책방'이 있다. 방지운 대표의 필사 전문 독립서점이다. 서점이라는 이름 대신에 책방이라 썼듯 아주 조그만 공간인데 그것도 외진 곳에 있다. 지나가는 사람들이 많이 없는 곳이라 아는 사람들이 차를 가지고 가야 하는 공간이다. 책방에 들어서는 순간부터 조급한 마음이 싹 사라진다. 오히려 필사라는 느린 방식으로 어휘와 문장을 익히면서 그동안 너무 빠르게 살아온 삶의 박자를 좀 늦추라고 만든 공간이라는 것을 금방 알 수 있다. 연필도 있고 색연필도 있고 글씨를 쓸 수 있는 공간도 있는데 방명록엔 누구나 글을 쓸 수 있다. 다른 사람이 써 놓은 글씨를 보면 다양한 성격만큼이나 다양한 글씨체가 있다는 것을 알 수 있다.

자녀에겐 이렇게 설명해 주어라. 글씨를 쓰듯 차분하게, 그리고 조용히, 아주 천천히, 이왕 글씨 이야기가 나왔으니, 말로 하지 말고 편지를 써 주어도 좋겠다. 부모의 친필 글씨로.

"'보기 좋은 떡이 맛도 좋다.'는 말이 있어. 잘생긴 얼굴, 예쁜 얼굴은 플러스 요소겠지. 옷차림도 해당하겠고 말이야. 거기에 글씨도 해당하지. 외모는 정말 잘 생겼는데 글씨가 악필이거나 무성의한 글씨면 사람 전체가 마이너스로 처리되기도 해. 그리고 아무리 디지털 시대가 되었다 하더라도 글씨 쓸 일은 여전히 많아. 심지어 탭이나 스마트폰에도 디지털 펜으로 글씨를 쓰게 되는데 그 또한 너의 글씨라 다른 사람들은 그 글씨를 보고 너를 평가하지. 글씨가 단정하고 고른 사람은 성격도, 그 사람 됨됨이도 그러리라 생각해. 그리고 지구의 오랜 역사에서는 글씨와 그 사람의 교양 수준을 같이 여겼어. 그러니 글씨를 아무렇게나 쓸 생각 하지 마. 글씨 또한 교정과 연습을 통해 얼마든 단정하게 만들 수 있어. 악필이라 어쩔 수 없다고? 아무리 악필이라도 글씨에 정성이 들어가 있는지는 알게 되어 있어. 그래서 엄마 아빠의 학창시절엔 예쁜 글씨 쓰기 대회, 펜글씨 경연대회도 있었을 정도였어."

어쩌면 자녀들이 "천재는 악필이다."라는 논리로 반박할지도 모른다. 그럴 때는 일축하지 말고 Yes, But 화법을 쓰면 된다. 먼저 Yes를 한 후에 But을 말하는 방식이다. Yes가 동의를 말하진 않는다. 말 내용 그 자체만 받아준다는 뜻이니 불편해할 필요는 없다.

"그래, 그런 말이 있어. 일부 천재 중에는 악필도 많아. 대표적으로 베토벤이 유명한 악필이었어. 그의 피아노 연주곡 '엘리제를 위하여'는 그가 짝사랑했던 여인 떼레제를 위해 쓴 곡이었어. 그런데 워낙 악필인 그의 글씨를 제대로 읽지 못한 출판사에서 그만 엘리제라는 이름으로 악보를 출판해 버려 어쩔 수 없이 엘리제가 된 것이라는 일화가 있으니까. 그런데 천재가 악필이라는 건, 한꺼번에 많은 생각이 떠오를 때 그것을 기록하려다 보니 악필이 될 수밖에 없어서 그랬을 거야. 그런데 세상엔 천재이면서 악필도 있지만 천재이면서 달필인 사람이 더 많아. 그 사람은 천재인데 글씨뿐 아니라 마음씨도 좋고 솜씨도 좋고 맵시도 좋아. 정말 팔방미인이지? 그러니 이왕이면 글씨까지도 멋진 사람이 되는 게 좋겠지? 펜글씨 교본에 나오는 정도의 글씨는 아니어도 정성 들여 쓴 글씨라는 걸 누구든 알아볼 수 있고, 개성 있는 글씨체라면 더 매력 있어. 그러니 너만의 글씨체도 개발하고 정성 들여 쓰는 연습을 해 봐."

## 너만 잘 하면 된다고?

이 말은 맞기도 하고 틀리기도 한다. 남들이 잘못된 방향으로 가고 있을 때 바른길로 가는 사람은 확실한 주관과 철학이 분명해서 다른 사람의 인정을 받을 만하다. 그런데 스스로 고립을 선택하면서 나만 잘하면 된다고 말하는 것은 합리화란 방어기제에 불과하다. 자기 처지에서는 맞는 얘기일 수 있지만 다른 사람들이 수긍할 만한 타당성은 없다.

이럴 땐, 스토리나 비유를 통해서 타이르는 것이 좋다. 질문을 함께 사용하면 더더욱 좋다. 사춘기 자녀는 포크보다 젓가락질을 능숙하게 사용할 나이다. 그것을 비유로 사용해서 이야기해도 좋다.

"네 친구 중에 아직도 젓가락질을 제대로 못 해 밥 먹을 때 포크를 사용하는 친구가 있다면 어떨 것 같아? 넌 그 친구에게 뭐라고 말해주고 싶어?"

"나이가 몇인데 아직 젓가락질도 못 하냐고 핀잔줄 거야. 어디서 같이 밥을 먹는다면 다른 사람들 보기에 좀 창피하기도 하겠고…."

"그래. 그럴 수 있을 것 같지? 뭐, 서양에서라면 아무 문제 없을 거야. 거긴 젓가락이 아니라 포크가 일상이니까 젓가락질 못 한다고 손가락질당할 일은 없겠지. 그렇다면 포크질과 젓가락질의 결정적인 차이는 무엇일까?"

"포크는 하나의 몸체에 두 개나 세 개의 날이 있어서 음식을 찔러 먹는 방식이고, 젓가락질은 똑같은 크기의 막대를 사용하지. 재질은 나무나 금속을 이용하고."

"오! 예리한 관찰력인데? 포크는 음식물을 찔러야 하지만 젓가락은 음식물을 찌르지 않아. 있는 그대로 먹을 수 있어. 그것만으로도 서양 사람들의 세계관과 한국 사람의 세계관 차이를 볼 수 있지. 서양은 정복의 개념이라면 한국은 더불어 같이 하는 모습이지."

"생각해 보니 그렇기도 하네. 젓가락질에 대단한 철학이 들어 있었네?"

"그것뿐만이 아냐. 시험 치르는 날, 젓가락으로 콩자반을 15개 이상 먹고 가면 평균 점수를 올릴 수 있다는 주장도 있어."

"헐! 정말?"

"왜냐하면, 젓가락질은 30여 개의 관절과 64개 근육이 함께 하는 종합예술이고 섬세한 기술이라는 거야. 그리고 손을 움직이면 뇌가 활성

화되어 집중력과 기억력이 높아진다고 해. 또, 한국 제품들이 세계 시장에서 인정받는 품목이 많은데 그게 다 뛰어난 솜씨 덕분이고, 그 솜씨는 밥을 먹을 때마다 젓가락질한 데서 왔다고 해. 밥 먹을 때마다 손 근육을 사용하니 솜씨가 좋을 수밖에."

"와, 그 말 들으니, 국뽕이 차오르는걸?"

"그리고 네 말대로 젓가락질은 더불어 살아가는 삶의 철학을 그대로 보여줘. 젓가락질을 잘하려면 가장 첫 작업이 두 개의 높이를 맞추는 일이야. 높이를 맞추지 않은 상태에서의 젓가락질은 제대로 음식물을 집을 수 없어. 만약, 한 개를 쓰면 어쩔 수 없이 음식물을 찔러야 하니 포크와 비슷해져. 젓가락 두 개의 수평을 맞추는 것처럼 누군가와 일을 하려면 마음을 맞추는 일이 가장 우선이야. 또, 우리 식문화에선 젓가락질과 숟가락질은 구분되어 있어. 국물이 있는 찌개에 젓가락을 넣는 행위는 이기적 행위로 처리되지. 그래서 서양 사람들이 생각하는 인간의 최소 단위는 나(Me)지만 한국 사람은 우리(We)야. 그래서 혼자만 잘하는 것은 그다지 좋지 않아. 그래서 켄블랜차드 컴퍼니 회장인 켄블랜차드는 이렇게 말했어. "우리 중 아무도 우리 모두를 합친 것보다 현명한 사람은 없다."라고 말이야."

# 알아서 할 테니
# 신경 쓰지 말라고?

"아이 씨X! 알아서 한다고!"

말문이 막히거나 궁지에 몰리면 이런 식으로 욕하듯 말하는 사춘기 자녀, 성인 자녀가 많다. 알아서 한다는 데 실제로 하는 건 하나도 안 보인다. 알아서 한다는 말 자체에 안심이 되고 신뢰감이 생기는 부모는 정말 행복할 것이다. 신뢰는커녕 걱정만 더 앞서고 한숨만 더 쉬게 된다면 그것은 부모의 문제가 아니라 자녀의 문제요, 누적된 행동으로 인해 늑대소년이 되었기 때문이다. 자녀가 알아서 한다고 말할 때 같이 살아온 부모가 그 진정성 여부를 모를 리 없다. 평소에 보여주었던 아이의 생활 태도와 성격, 학력과 독서력, 통합적 사고능력을 인정해서 "저 아이는 사막에 떨어져도 살아올 수 있는 아이야!"라는 확신을 가지는 부모라면 그 부모는 아주 행복하다.

　지적받는 것이 싫어서 반사적으로 짜증을 내거나 지금 불편한 상황을 어떻게든 빨리 무마시키려고 그렇게 말할 수도 있다. 부모의 충고를 들으려 하지 않고 못된 성질만 발동하고 있다. 자기 잘못, 자기 부족을 인정하지 않고 도리어 듣기 싫다며 욕까지 하면서 자기가 알아서 한다고 큰소리만 치는 건 미숙하기 짝이 없는 행동이다. 알아서 한다는 건 알아서 하고 싶은 욕망일 뿐 그것을 구체적인 실력으로 증명할 주체는 아이 당사자다. 짜증을 내고 화를 내는 건 입증 받을 수 없다는 것을 스스로 인정하는 꼴이다.

　이렇게 무례하게 말할 때는 공감할 게 아니라 호되게 야단을 쳐야 한다. 야단을 칠 땐 폭풍이 몰아치듯 말해도 좋다. 그런 호된 꾸지람도 성장하는 동안에 들었어야 할 경험이다. 그래야 나중에 어른이 되어 사회생활 할 때 호된 꾸지람을 들을 줄 안다. 그런 경험이 전혀 없으면 작은 꾸지람이나 예리한 피드백에 상처를 입어 쉽게 포기하거나 더 회피하는 사람이 될 수도 있다.

　"네가 뭔가를 알아서 한다는 말은 뭔가를 할 수 있는 기본능력을 가지고 있어야 한다는 뜻이야. 알아서 한다고 말은 하는 데 네가 알고 있는 것이 뭐가 있어? 세상을 보는 세계관(world view)을 갖고 있기는 해? 너 스스로에 대한 정체성(identity)을 갖고 있긴 하고? 기본적인 교양과 지식을 갖고 있긴 해? 외국어 하나쯤 구사하는 언어능력을 가지고 있니? 일을 시작하면 끝까지 완수해 낼 수 있는 끈기와 중간중간 그 상황을 점검해 볼 수 있는 피드백의 기술을 가지고 있어? 지금 네가 평소에

하는 일을 봐."

그럴 때 아이가 짜증을 내면 더 세게 말해도 좋다.

"왜? 지적받으니까 짜증 나? 부모 앞에서 씨X을 뱉을 만큼 짜증이 났을까? 그 짜증은 왜 났을까? 듣기 싫은 것이지. 너의 못난 부분, 부족함을 들켜서 싫은 것이고. 그런 모습 드러나니까 싫지? 네가 했던 그 말을 보통의 아이들은 이렇게 말해. '제가 알아서 할 테니 걱정하지 마세요.' '내가'라고 말하지 않고 '제가'라고 자기를 낮추며 말하는 것부터 다르지 않아? 이 말은 지극히 보편적인 상황에서 능력을 충분히 갖춘 아이가 부모를 안도시키며 하는 말이야. 부모가 과도한 걱정을 하거나 지레 걱정하거나 할 때 그런 말로 안심시키지. 그런데 네가 한 말은 '듣기 싫으니까 저리 꺼져.'라는 뉘앙스잖아? 평소에 네가 네 입으로 자주 '꺼지라'는 말도 했으니까. 부모를 향해 꺼지라고 말하는 것으로 이미 너의 수준을 드러낸 거야. 꺼지라는 말은 친구들끼리 하거나 두 번 다시 볼 사람이 아닌 대상에게 최후에 날릴 말이지 너를 지금까지 키워준 부모에게 할 말은 아니겠지? 아무리 화가 나도 그 화를 표현하는 방법이 무례하면 그 화는 인정되지 않아. 도리어 네가 기본적인 윤리와 기본 존중을 넘어선 패륜아로 낙인찍히는 것이지. 너 스스로가 누워서 침 뱉은 꼴이 된 거야."

성인 자녀를 둔 부모는 좀 더 강하게 이야기해도 된다. 근거도 없이 사람을 싸잡아 딱지를 붙이는 비난은 해선 안 될 일지만 명백한 잘못을 하는 자녀, 그것도 성인 자녀라면 부모는 부모로서, 인생 선배로서 따끔하고 강하게 쏘아붙일 수 있다. 그땐 그래야 한다. 그럴 때 절대로 공감한다고 섣불리 나서지 말라. 물론, 정상적인 자녀 양육은 어릴 때는 엄격하고 학령기 이상의 자녀는 신뢰해 줘야 한다. 그런데 이 경우는 성인이 된 자녀가 늑대소년이 되어 스스로 신뢰를 잃은 경우라 호되게 야단을 쳐야 할 때다.

"아무리 뛰어난 지도자도 혼자 알아서 하는 일은 거의 없어. 오히려 자기에게 직언을 해 줄 사람을 찾거나, 인문학 관련 독서를 하든지 강좌에 참여하기도 해. 그 바쁜 사람이 왜 쓸데없이 시간을 낭비할까 싶지만, 그에겐 그 시간이 아이디어를 얻고 방향을 잡는 일, '알아서' 할 수 있도록 해 주기 때문이야. 그런데 너는? 독서하니? 사색하니? 글쓰기 하니? 독서 모임 같은 데 가 봤니? 유튜브 채널 중에 교육 채널 시청하니? 체력 관리를 위해 짐(Gym)에 정기적으로 다니고 있어? 기술 배우는 거 있어? 악기를 배우고 있니? 너 자신을 향상하기 위한 일이라곤 하나도 없지? 그러면서 뭘 알아서 한다는 거야? 알아서 하려면 뭐 아는 게 한 가지라도 있어야 할 텐데 도대체 네가 아는 게 뭐야? 술 먹으면 기분 좋다는 거? 도박을 통해서 돈을 쉽게 벌겠다는 거? 설령 네가 그런 방식으로 돈을 벌었다 해도 그 쓰임새는 거지 같을 거야. '개같이 벌어서 정승같이 쓰라.'라는 말이 있는데 넌 그저 '개 같이 벌어서 개 같이 쓰라.'에 해당하겠지. 돈을 쓰더라도 가치와 기준이 있고 의미가 있어야 하는데 그런 게 없으니 그저 무계획적으로 흥청망청 쓰는 거지. 너의 요즘 생활을 짚어 봐. 매일 뭘 하고 있을까?"

# 네 말투가
# 뭐가 문제냐고?

　인류 역사에서 말에 대한 격언은 얼마든지 많다. "말 한마디로 천 냥 빚을 갚는다."라는 우리 속담을 뒤집으면 "말 한마디로 천 냥 빚을 지게 된다."가 된다. 성경 잠언에는 "죽고 사는 것이 혀의 권세에 달렸나니 혀를 쓰기 좋아하는 자는 그 열매를 먹으리라(잠언 18:21)."고 경고하고 있고 "침묵은 금이다."라는 서양 속담도 말을 함부로 하지 말라는 뜻이다. 결국 말은 인생 전체를 좌지우지하는 자동차의 핸들과 같다. 말을 제대로 사용하면 자동차를 유용하게 활용하는 것이지만 함부로 하는 건 낭떠러지 길을 주행할 때 핸들을 아무렇게나 작동하는 자살행위다.

　말은 곧 그 사람이다. 사람을 평가하는 첫 잣대가 표정이고 그 다음이 음성이고 글씨와 말씨다. 사람은 5가지 씨를 골고루 갖춰야 평생을 행복하게 산다. 말씨, 마음씨, 솜씨, 글씨, 맵시가 있다. 그런데 아무리 얼굴과 몸매에 맵시가 있고 솜씨가 뛰어나도 말씨가 사나우면 동시에 마음씨도 사납다고 여겨진다. 말씨는 곧 마음씨를 드러내니까.

자녀가 하는 말을 녹취해서 한 번 들어보게 해 보라. 많은 경우 놀란다. 녹취한 내용을 들으면 말하는 주체에서 듣는 주체가 되고 조금 더 객관적으로 듣게 되어 자기의 말이 얼마나 부정적이고 공격적이고 독선적이고 일방적인지를 느끼게 된다. 들었다면 질문을 던져야 한다.

"네가 하는 말을 그대로 담았어. 들어보니까 어때? 어떤 느낌이 들어?"

녹취된 자기 말을 듣고 조금이라도 사과하는 태도를 보인다면 사과를 받아주고 오히려 더 기고만장해진다면 그때는 한 마디 쏘아붙여도 좋다. 그것은 기고만장한 아이의 태도(행위)에 대한 부모의 반응이다. 그리고 혼을 내든 타이르든 교육하든 할 말은 해야 한다.

"'넌 입 닫고 있을 때가 가장 예뻐!'라는 소리를 듣는다면 얼마나 속상할까? 맵시가 좋아 남들의 호감을 한 몸에 받거나 솜씨가 좋아 남들의 인정과 칭찬을 한 몸에 받을 수 있는데, 말하는 순간, 그 거친 말투와 비속어들 때문에 사람의 품격이 한꺼번에 떨어지고 만다면 말이야. 말씨는 하루아침에 만들어지지 않아. 더구나 교양 수준이 낮고 천박한 사람이 사용하는 언어가 고울 리 없지. 언어에도 고급 언어가 있고 저급 언어가 있어. 속에 든 게 없는 사람은 아무리 고급 언어를 구사하려고 해도 쓸 수가 없어. 왜? 아는 단어가 몇 안 되거든. 그런데 독서와 글쓰기를 통해서 교양이 충분한 사람은 언어의 수준이 달라. 말 한마디를 해도 딱 맞는 말을 하고 사람들에게 희망을 주는 말을 하지. 어떤 상황에 꼭 필요하면 저급한 언어도 쓰겠지만 못해서가 아니라 안 하는 거야."

# 사랑하는 게
# 무슨 죄냐고?

"내가 여친과 단둘이 집에 있었다는 게 무슨 문제냐고! 무슨 짓을 한 것도 아닌데 뭐가 문제야?"

부모가 집을 비운 사이에 중학생 아들이 여자 친구를 집으로 데려와 단둘이 시간을 보냈다는 것을 부모가 알게 되었다. 부모가 뭐라고 한 데 대한 아이의 반문이었다. 아이의 말엔 다소 억울하다는 뉘앙스가 들어있다. 그럴 때는 마음 그 자체, 말 내용 그 자체는 들어주어도 좋다.

"네가 아무런 나쁜 의도가 없었다는 건 알겠어. 그리고 네 말처럼 정말 이상한 일이 없었다면 더더욱 억울하게 느껴질 수도 있겠지."

그다음에는 사회적 시각과 책임감을 설명해 주어야 한다. 의도가 아니더라도 자기 행동이 주변에 어떤 영향을 미칠 수 있는지를 구체적으로 설명해 주는 것이 효과적이다. 의도를 받아준(Yes) 후에 But으로 설명하는 것이 좋다.

"그렇지만 네가 집에 여자 친구와 단둘이 있었다는 사실만으로도 주변 사람들이 오해할 수 있어. 사람들이 너희 관계를 잘 모르는 상태에서 그런 상황을 알게 되면, 이상한 이야기가 퍼질 수 있거든. 그런 이야기가 너나 여자 친구한테 상처가 될 수도 있고. 그리고 너는 아무 문제가 없다고 생각할 수 있지만, 여자 친구로서는 만약 이런 일이 다른 사람들에게 알려졌을 때 부담스럽거나 곤란한 상황이 될 수도 있어. 네가 여친을 존중한다면 이런 상황에서 상대방이 받을 수 있는 영향을 먼저 생각해 보는 게 중요해."

다음은 권유하기, 긍정적인 대안을 제시하는 것도 좋다.

"앞으로는 꼭 단둘이 집에 있는 것 말고도 서로 좋은 시간을 보낼 수 있는 방법을 찾으면 좋을 것 같아. 예를 들어, 밖에서 만나거나, 친구들과 같이 어울리는 것도 방법이야. 그러면 이런 오해도 피할 수 있고, 너희 관계를 더 건강하게 이어갈 수 있지 않을까?"

마지막은 믿어주는 말을 해 주는 것이 좋다. 사춘기 자녀가 다소 부족해도 믿어주는 것이 부모 역할이다. 부모가 무조건 금지하는 게 아니라, 아이에게 자기 행동이 자신과 상대방, 그리고 사회적으로 어떤 의미가 있을 수 있는지 이해하고, 스스로 더 좋은 판단을 내릴 수 있도록 도와주는 것이 중요하다. 그렇게 내면이 성숙해지는 것이고 이것이 부모의 교육이다.

"나는 네가 스스로 잘 판단할 수 있는 책임감 있는 사람이라고 믿어. 그래서 이런 상황을 한 번 더 생각해 보고, 네가 스스로 더 좋은 선택을 할 수 있길 바라."

이 사회는 만 18세까지를 미성년자로 분류한다. 중학생이면 생물학적 성체로서 이미 생식 능력은 가졌지만, 아직 경제적 능력은 갖추지 못한 상태다. 물론, 더러 초등학생 때부터 수입을 창출하는 경우가 있긴 하지만 그래도 여전히 미성년자다. 만약, 아이가 수입을 창출하는 주체가 되었고 양가 부모들의 허락이 있어서 이른 나이에 결혼까지 했다면야 둘은 단둘이 집에 있어도 무방하다. 결혼했고 성인으로서 모든 능력을 갖추었으니까. 그러나 여전히 부모의 슬하에 있고 이 사회가 말하는 성인의 나이가 되지 않았다면 부모님이 없는 집에 단둘이 있다는 것은 용납되지 않는다. 그럴 상황이 만들어졌더라도 피차 그러지 말자고 약속하고 이성적으로 생각하고 합리적으로 행동해야 한다.

# 네 방이라
# 방문 잠근다고?

한집에 사는 가족끼리도 서로가 지켜야 할 예의가 있다. 자기 방문을 잠글 때는 거기에 합당한 기준이 있고 가족 내에 공개적인 동의나 암묵적인 동의가 있을 때다. 속옷을 갈아입는다든지 무슨 비밀스러운 이벤트를 할 때라든지, 그래도 무엇을 하고 있다는 것을 대략 아는 상태이어야 한다. 혹은 자녀의 친한 친구가 자기 고민거리를 말할 때 보안 유지를 위한 차원일 수도 있다. 그런 일이라도 정보를 줄 필요가 있고 가족은 공식이든 암묵적이든 동의를 해 준 상태여야 한다. 일상적인 상황, 외출했다가 막 샤워를 하고 방에 들어갔다면 옷을 갈아입을 시간이 필요하다는 건 누구나 아는 상식이다. 그럴 때 가족들은 방문을 함부로 열지 않는다. 사생활을 존중하니까. 그런데 그런 시간은 기껏 몇 분이면 충분하다. 하루 종일 걸어 잠그는 건 문제다.

자녀가 방문을 걸어 잠그는 이유가 무슨 일로 인해 화가 났다는 감정표현일 수도 있다. 자신의 요구가 관철되지 않았거나 억울하게 꾸중을 들었거나 뭔가 불편한 것이 있을 때다. 그로 인해 감정적으로 격앙되었을 때 감정이 누그러지는 시간 동안 잠글 수 있다. 그 또한 어느 정도의 시간이지 하루 종일, 며칠 동안 이어질 이유는 아니다.

또 방문을 걸어 잠그게 만든 원인 제공자가 가족이 아니라 외부의 사람일 수도 있다. 학교 교사나 친구들로부터 억울한 일을 겪었거나 왕따를 당했거나 상처를 입어 세상이 싫어서 그럴 수도 있다. 그렇지만 그때는 자녀가 방문을 걸어 잠글 게 아니라 자신이 겪는 어려움을 가족들에게 이야기해서 가족 공동의 문제로 삼아 같이 풀어가야 한다. 가족이 필요한 것은 그럴 때니까. 이럴 때는 부모가 좀 다정하게 접근해 줄 필요도 있다,

"네가 방문을 걸어 잠글 때는 그만한 이유가 있겠지. 다만, 우리는 그 이유를 모르니 너를 도와줄 수도 없어. 무슨 이유야? 어떻게 도와줄까?"

"다 귀찮아. 내버려두라고!"

그럴 때는 살짝 물러나 주는 것이 필요하다.

"지금은 별로 말하고 싶지 않은 모양이구나. 네가 말하고 싶을 때 말하렴. 우린 기다릴 테니까."

무슨 특별한 이유도 없는데 시도 때도 없이 방문을 걸어 잠근다면 그때는 꾸중을 해도 좋다.

"네가 시도 때도 없이 방문을 걸어 잠근다는 것은 네가 떳떳하지 못한 것을 스스로 입증하는 거야. 또, 시도 때도 없이 방문을 걸어 잠그고 심지어 한여름에도 방문을 걸어 잠근다면 그건 좀 생각해 봐야 하지 않을까? 네가 그렇게 할 만큼의 큰 상처나 속상함이 있었다고 생각할 수는 있지만 당사자인 네가 말해주지 않으면 알 수가 없어. 네가 네 상처나 속상함의 내용을 알려준 후에 방문을 걸어 잠근다면 이해하기가 훨씬 더 쉽겠지."

그리고 가족끼리도 예의가 필요하다는 것을 가르칠 필요가 있다.

"우리도 부부끼리 안방을 같이 쓰면서 방문을 임의로 걸어 잠그지 않아. 만약, 방문을 잠글 일이 있다면 사전에 정보를 주었거나 당연히 알고 있는 일에 대한 부분일 거야. 우리 집이라는 공간 안에는 가족끼리 그런 암묵적 약속과 동의, 이해가 필요해. 네가 이유도 말하지 않고 늘 방문을 걸어 잠근다는 것은 성립될 수 없어. 네가 방문을 걸어 잠근다는 행동은 믿지 못한다는 의미로 해석되거든."

## 짜증나서
## 수신 거부했다고?

사춘기 자녀가 부모를 전화 수신 거부 대상으로 설정해 놓는 경우가 많다. 뭔가 부모와의 관계나 소통에서 불편함이나 갈등을 느끼고 있다는 신호, 혹은 자신의 부족함이나 약점을 가리기 위한 방어기제로 단절이나 회피를 선택하는 일일 수도 있다. 전자의 경우라면 다그치거나 혼내기보다 이해와 공감을 쓰는 것이 좋고 후자의 경우라면 냉정하게 직면을 시키는 것도 좋다.

"전화도, 문자도, 카톡도 안되기에 확인해 봤더니 네가 수신 거부로 설정해 놨더라. 조금 당황스럽고 속상했어. 네가 그렇게 했을 때는 나름의 이유가 있겠지. 그 이유가 뭘까?"

이때, 아이가 말한다면 좋겠지만 수신 거부까지 한 아이라면 말을 제대로 하지 않을 수도 있다. 그럴 때는 부모가 생각하는 몇 가지 이유를 먼저 말해줄 수도 있다.

"네가 수신 거부를 해둔 걸 보니 내가 뭔가 너를 불편하게 한 게 아닐지 하는 생각이 들어. 네 생각을 솔직하게 들려줄 수 있을까?"

"혹시 내가 너무 자주 전화해서 너를 답답하게 했니?"

"혹 네가 전화 차단한 이유가 내가 너무 간섭을 많이 하고 통제를 많이 해서 그랬어?"

"혹시라도 그게 이유였다면 그 부분은 미안하다."

이렇게 표현하는 방식을 '조건 Excuse'라고 한다. 그렇게 해서 아이가 마음을 풀고 말을 해 온다면 대화로 풀어 가면 된다. 그리고 수신 거부의 의미를 알려줘야 한다.

"네가 수신 거부를 설정해 놓으면 네가 속상하다는 것도 있지만 관계를 단절하겠다는 의미로 해석되기도 해. 또 너의 입장이 아무리 정당해도 그 행위로 인해 스스로가 떳떳하지 못한 걸로 해석되기도 해. 또, 전화를 차단하면 혹시 급한 상황에서 내가 너에게 연락을 못 하게 될 수도 있어. 내가 너를 귀찮게 하려는 게 아니라, 네가 정말 필요할 때 도와주기 위해 전화를 하는 거야."

그리고 수신 거부를 할 정도라면 자녀와 부모 사이에 해결해야 할 문제가 있다는 뜻이니 문제 해결을 할 용의가 있음을 알려주어라. 바람직한 행동을 권유하는 기술도 필요하다.

"엄마(아빠)는 네가 책임감 있는 아이고, 우리 관계를 소중히 여긴다고 믿어. 네가 불편했던 부분을 이야기해 주면 나도 더 잘 맞춰가려고 노력할게."

"연락처를 끊는 건 일종의 최후통첩과 마찬가지라 두 번 다시 보지 않겠다는 표현이야. 네가 평생을 좌지우지할 만큼의 상처를 받았다면 어느 정도 일리는 있겠지만 그렇다고 그게 합당한 명분은 아니야. 그리고 네가 부모와 말다툼했거나 꾸중을 들었다는 이유만으로 연락처를 차단한다면 그건 네가 아주 미숙하다는 뜻이기도 해. 가족은 무슨 일이 있어도 관계를 끊어선 안 되는 거야."

# 욕을 안 하면
# 대화가 안 된다고?

사춘기 자녀가 친구랑 통화할 때나 자기 방에서 친구끼리 놀 때 쓰는 언어를 보면 욕으로 시작해서 욕으로 끝난다. 더러 길거리에서 또래 아이들이 모여 있는 곳을 지나갈 때면 대화에서 욕이 들리는 것은 일상이 되어 있다. 욕을 하는 이유가 무엇일까? 자신감이 부족하거나 불안감을 느낄 때 자신을 강하게 보이려는 방어적인 표현일 수 있다. 또 또래 아이들과의 동질감을 형성하기 위해서 욕을 한다. 그리고 감정표현이 미숙해서 모든 감정을 다 욕으로 처리할 위험도 높고, 권위에 대한 반발로 욕을 하기도 한다. 심리적으로 욕설은 감정의 배변 행위다. 욕설을 뱉고 나면 스트레스가 줄어든다. 욕설은 가정의 환경이 그렇거나 미디어를 통해서 자연스럽게 습득되기도 했을 것이다.

욕에 대한 심리학적 이유를 설명해 줄 필요도 있고 욕의 내용을 짚어보는 것도 필요하다. 욕설의 내용이 주로 성행위와 관련된 것들이 많다는 것을 들은 아이들은 적잖이 놀란다. 욕설을 쓰면서도 그 내용이 뭔지 몰랐다는 뜻이다.

"너 혹시 욕의 내용이 뭔지 생각해 본 적 있어? 욕은 대부분 성행위나 신체 부위에 대한 폄하로 되어 있어. 그래서 욕은 그 자체로 기분 나쁘고 상대방에게 모욕을 줘. 온 사회가 성폭행, 성추행, 양성평등 등의 문제에 예민하게 반응하는데 욕의 내용이 대체로 성과 관련된 것들이라면 생각해 봐야 하지 않겠니? '씨발'은 '성행위를 할'이란 뜻이고 '존나'는 '남자의 생식기'를 존으로 발음한 거야. 그래서 욕을 많이 할수록 입이 거칠어지고 천박해져. 수준이 높은 사람은 욕을 사용하는 대신 논리와 근거를 통해서 반박하고 자신을 증명하고 권리를 찾고 억울한 상황에서 벗어나. 상대를 제압하는 것은 욕이 아니라도 얼마든지 가능하니까."

"주변 아이들이 다 욕한다고 너도 욕을 해야 한다는 이유는 타당성과 신뢰성이 없어. 사람이란 다른 사람이 다 어떻다 하더라도, 사람으로서 해야 할 일이면 해야 하고 하지 말아야 할 것이라면 안 해야 하는 것이거든. 그렇다고 네가 욕도 할 줄 모르는 약해빠진 존재가 되는 건 싫어. 사람은 살면서 때로 욕을 해야 할 때도 있어. 네가 자신을 지켜야 할 때야. 골목에서 깡패와 맞짱을 떠야 할 일이 있거나 전쟁에서 적군과 전투 중이거나 혹은 뉴스를 볼 때 형편없는 정치인의 모습이나 사회의 범죄자들을 볼 때는 욕을 할 수도 있겠지. 다만, 욕을 할 땐 안

전이 보장되어야 해. 네가 결혼을 한 후 자식들이 있는 데서 그런 쌍욕을 해선 안 되겠지. 또 아이들을 꾸중할 때 그런 언어를 써서는 안 되겠지?"

그래도 부모는 때로 자녀의 미숙한 부분을 받아줄 필요가 있다. 특히, 감정적 화장실 역할은 꼭 필요하다. 가족이 아니면 누가 그 아이의 마음을 받아줄 것인가? 혹, 집 밖에서는 배변을 못 하는 사람을 본 적이 있는가? 이삼일 지나면 거의 죽을상이 된다. 그 사람의 최대 관심은 빨리 집으로 가 쌓인 변을 배출하는 것이다. 집 화장실은 익숙하고 편안한 공간, 말 그대로 Rest Room이라 편하게 배출할 수 있다. 부모는 그런 대상이어야 한다. 자녀가 감정적 변비 상태일 때 질펀하게 싸질러 놓을 수 있는 안전한 화장실이 될 필요가 있다. 가족이란, 객관적 사실을 판단하는 법정이 아니라 주관적 관계를 확인하는 사랑의 공동체다. 다른 사람이 다 틀렸다 할지라도 편을 들어주고 지지해 주는 것이 가족이다. 그렇다고 모든 것을 허용하라는 뜻은 아니다. 감정적으로 우선 수용이 필요하지만, 일 처리에는 냉정한 이성과 합리적 판단이 필요하다.

감정의 화장실은 누구에게나 필요하다. 정신적으로 건강한 사람은 일기를 쓰거나 비밀 노트를 쓰거나 풀어놓을 공간을 만든다. 아니면 아주 친한 사람들, 비밀을 보장해 주는 사람들, 내가 무슨 이야기를 해도 내 편을 들고 지지해 줄 대상자들에게 자기 속내를 풀어놓는다.

"네가 나한테만 험한 말을 하는 거 보니 감정의 화장실이 필요한 모양이구나. 실컷 싸라. 그렇게 해서라도 네 속마음이 풀린다면 실컷 해

라. 다만, 가끔은 나한테 싸지 말고 너만의 화장실에서 싸면 좋겠다."라고 응수해 주어라. 아이가 난리를 칠 때 놀라고 겁내고 묶이면 아이가 힘의 주체가 되지만 난리를 치든 말든 거기에 엮이지 않고 냉정을 유지하면 부모가 승자가 된다. 그러니 하늘이 무너졌다고 생각하지 말고 금방 누군가 사용한 화장실에 들어갔을 때 채 빠지지 않은 똥 냄새가 난다고 생각하라.

# 죽어버리거나 죽여버리겠다고?

"다 죽여버릴 거야!"

"나만 죽어버리면 되지?"

사춘기 자녀의 이 말은 아무라도 죽여버리고 싶을 만큼 화가 났거나 죽어버리고 싶을 만큼 좌절했다는 뜻이다. 세상을 살다 보면 원했던 결과가 나오지 않았거나 혹은 억울한 일을 겪었거나 말도 안 되는 황당한 사건에 휘말리는 일을 겪게 되는데 그럴 때면 두 가지 양상의 충동을 느낄 수 있다. 죽여버리겠다고 말하는 건 외부로 보내는 '직접적 공격성(Externalized Aggression)'이고 죽어버리겠다고 말하는 건 '공격성의 자기에게로의 전향(Turning Aggression Against the Self)'이다. 뭐가 되었든 자기를 망치는 길인 것은 분명하다. 화를 외부로 쏟아서 기물을 파손하거나 사람에게 손상을 입히거나 극단적으로 살인까지 간다면 그로 인한 법적인 책임까지 져야 한다. 심리적 카타르시스를 얻는 것에 비해 너무 큰 대가를 지급한다. 공격성을 자기에게로 쏟아 자신을 학대하거나 자해나 자살로 이어지면 그 또한 자기 인생이 끝난다.

아이가 입버릇처럼 죽여버리겠다고 한다면 자기는 옳고 다른 사람은 다 틀렸다는 논리가 된다. 이미 심판자에 집행자가 되었다. 오래전, 막가파, 지존파와 같은 연쇄살인 사건의 주범들이 세상을 떠들썩하게 했었다. 그들이 내건 모토는 "다 죽여버리자!"였다. 세상도 사람도 다 썩었기 때문에 쓰레기 치우듯 치워버려야 한다는 생각에 자기들은 청소부 역할을 했다고 여겼다. 이런 생각이 집단의식이 되면 세계 2차 대전 때 독일의 6백만 유대인 학살과 같은 일이 발생한다. 그들이 내건 기치는 '인종청소'였기에 그런 학살을 자행하는 동안에도 히틀러와 추종자는 당당했다.

또 자기가 죽어버리고 싶은 충동이 들 만큼 힘들고 억울하고 답답하고 한심하게 느껴질 수도 있다. 다만, 그것은 감정일 뿐이고 이성적 판단과 냉정한 행동을 해야 한다. 원하는 결과가 나오지 않은 이유를 탐색하되 나의 부족은 무엇이고 외부의 문제는 무엇인지 구분해야 한다. 또 억울한 일을 겪었다면 문제의 소유자를 구분해야 한다. 이때도 나의 문제는 몇 %이고 외부의 문제는 몇 %인지 냉정히 구분해야 한다. 그렇게 냉정하게 분석을 한 후에 지금 당장 해결할 수 있는 일부터 실행에 옮긴다. 내 힘으로 해결할 수 없는 부분은 적응해야 한다. 문제는 해결하거나 혹은 적응하거나의 갈림길에서 빠른 결정을 요구한다.

이것으로 불행의 시간을 줄이고 행복의 시간을 늘린다. 행복한 사람은 죽여버리거나 죽어버리거나의 상황이 없어서가 아니라 문제에 직면해서 최대한 빨리 해결하고 나머지 시간을 행복으로 전환하는 이들이다.

분노 처리는 분뇨 처리와 같다. 분뇨 처리가 매일의 생물학적 루틴인 것처럼 분노 처리도 일상의 감정적 루틴이다. 분노 자체는 가치중립적이라 옳고 그름의 문제도 아니고 좋고 나쁨의 문제도 아니다. 화를 안 내는 것이 좋다고들 하지만 화내야 할 자리에 화를 못 내는 사람도 문제다. 원래 분노는 자기 보호 에너지와 추진 에너지다. 화를 통해서 자기를 지켜내고 화가 있어야 어떤 일에 덤벼든다. 즉, 분노가 있어야 오기나 독기라도 발동한다. 그래서 분노할 줄 모르는 사람, 화를 못 내는 사람은 극단적 내향성이거나 착해 빠진 사람들이 많다. 좋게 말하면 순수한 것이고 나쁘게 말하면 약해 빠진 것이다.

아이가 이런 말을 입버릇처럼 한다면 마음을 받아주되 부모의 생각도 전해 줘야 한다. 부가 의문문을 사용해서 설명하는 것도 좋다.

"누군가를 죽여버리겠다거나 네가 죽어버리겠다고 하는 부분은 해결할 수 없는 막막한 일을 만났거나 감당하지 못할 분노를 만났을 때일 거야. 그렇다고 정말 네가 그렇게 죽어버리면 무슨 일이 생길까? 그 황망한 죽음을 어떻게 설명해야 할까? 그런 일이 생기면 네 부모와 다른 가족들은 제대로 살아갈 수 있을까? 하늘을 제대로 쳐볼 수 있을까? 남들이 웃을 때 같이 웃을 수 있을까? 파티에 어울릴 수 있을까?"

또 사람이 해서는 안 될 말이 있다고 꾸중하든 타이르든 해야 한다.

바람직한 행동을 권유해도 좋다.

"죽여버리고 싶다거나 죽어버리겠다는 말은 함부로 해선 안 될 말이야. 그건 네 일기장에나 혹은 너 혼자만의 공간에서 독백하듯 할 말이야. 너는 네가 네 삶을 스스로 끝냈다고 말하겠지만 네 삶만 끝나는 게 아니야. 네 부모와 가족들까지 한꺼번에 죽이는 거야. 그러니 다른 방식으로 푸는 것이 좋아. 어떤 사람들은 속 터지는 일이 생기면 코인 노래방엘 간다고 해. 노래 반주를 켜 놓고 마이크를 끈 상태에서 고래고래 소리 지르며 죽여버린다고 욕을 한다고 해. 그렇게 감정의 배변을 하고 나면 감정적 변비로 발전하지 않거든. 그러니 부모 앞에서 누군가를 죽여버리겠다고 하거나 죽어버리겠다고 하는 말은 하지 마. 부모가 아니라 누구에게라도 그런 말은 하면 안 돼. 다만 감정의 배변은 필요하다 했으니 그 표현 뒤에 네 감정을 묶어서 말해 봐. '아무라도 죽여버리고 싶을 만큼 화가 나.', '확 죽어버리고 싶을 만큼 힘들어.'라고 하는 거지."

## 공부만 하면 되지
## 운동은 왜 하냐고?

몸을 움직이기 싫어하는 특성은 게으름이다. 공부만 하면 되지 운동은 왜 하냐고 한다면 그것은 게으름을 위장한 합리화에 불과하다. 공부와 운동은 상관관계가 없는 것처럼 보일 수 있지만 운동과 공부는 상관관계가 아주 깊다. 공부를 잘하는 사람은 운동을 좋아하고 운동을 좋아하는 사람은 공부를 잘할 가능성이 훨씬 더 높다.

독일의 철학자 칸트는 매일 정해진 시간에 산책했다는 것으로 유명하다. 얼마나 시간이 정확했던지 사람들은 칸트가 산책하는 시간을 보고 시계를 맞추기도 했단다. 왜 천재 중의 천재요 철학자 중의 철학자인 칸트가 매일 산책하는 것을 루틴으로 삼았을까? 산책은 몸을 움직이는 것이고 몸을 움직이면 뇌 활성 유도인자가 생성된다. 즉 가볍게 움직이고 나면 뇌가 더 활발해지고 생각도 잘 되고 공부도 더 잘된다. 그래서 지혜로운 사람들은 공부가 막히거나 효율이 없을 때 가벼운 산책으로 분위기를 전환한다.

<mark>사례</mark> 사법고시를 준비하는 청년이 있었다. 밥 먹는 시간, 잠자는 시간을 아껴서 공부에 집중해야 했다. 그런데 그 청년은 하루에 한 시간을 복싱에 투자했다고 한다. 체육관에 오가는 시간 20분, 체육관에서 강렬하게 운동하는 시간 30분, 씻고 옷 갈아입는 시간까지 포함하면 딱 한 시간이 걸렸다. 같이 공부하던 동료들은 미쳤다고 했다. 1초가 아까운데 하루 한 시간이나 허비한다고 생각했다. 그런데 결과는 달랐다. 그 청년만 합격하고 1초가 아깝다며 고시원 의자에 궁둥이 붙이고 있었던 동기들은 떨어졌다. 왜였을까? 몸을 움직이고 나면 뇌 활성 유도인자가 생성되어 훨씬 더 집중력이 좋아졌다. 그리고 운동 덕분에 체력이 좋아져 졸리지 않았다. 또, 시험일까지 향상된 집중력을 유지할 수 있었다. 책상에 앉아 있는 시간은 동기들이 더 많았으나, 체력이 약해진 동기들은 졸음과 떨어진 집중력 때문에 공부의 효율성이 낮았다.

운동이 필요 없다고 하는 자녀에겐 타이르듯 말해줄 필요가 있다.

"공부는 엉덩이로 한다는 말이 있어. 우직하게 자리에 붙어 앉아 있으란 말인데 체력이 좋아야 공부도 오래 할 수 있어. 그래서 운동을 하고 몸을 움직이는 것은 아주 좋은 일이야. 실제로 부자들의 습관 중 하나가 운동이라는 거 아니? 연예인 중에 유독 몸짱들이 많은 이유가 뭘까? 운동을 통해서 자기관리를 하는 거야. 몸매 유지와 건강을 위해서

이기도 하지만 자기 일의 성공을 위해서도 운동을 해. 운동을 하면 기분이 좋아지고 운동을 통해 자기관리가 된 사람은 하고 싶지만 하지 말아야 할 일은 하지 않고 하기 싫어도 해야 할 일은 할 수 있는 자기통제력이 월등하게 높아. 즉 자기관리의 달인인 거지. 그와 반대로 인기와 부를 한꺼번에 얻어 반짝 누리던 연예인이 큰 병에 걸려 하루아침에 잊히는 존재가 되는 경우는 얼마든지 많아. 그 이유가 운동을 안 해서라고 단정 지을 순 없지만 정기적으로 운동을 하는 사람에 비해서 그 비율이 훨씬 높아. 그러니 공부만 하면 되지 운동은 필요 없다는 말은 근거가 없어."

# 지금까지 해 준 게 뭐 있냐고?

"지금까지 해 준 게 뭐 있어?"

사춘기 자녀가 이렇게 말하는 때가 많다. 부모의 사랑과 수고를 제대로 느끼지 못하거나, 자신의 기대와 현실의 괴리에서 좌절감을 느끼는 상황일 수 있다. 그렇다고 해서 그런 말을 하는 게 정당화되는 건 아니다. 우선은 그렇게 생각하는 것에 대해서 질문할 필요가 있다.

"네가 그렇게 느끼는 이유를 알고 싶어. 왜 그렇게 생각했는지 말해 줄래?"

"네가 그렇게 말할 때는 뭔가 불만이 있어서라고 생각해. 네가 평소에 원하는 것이 많았는데 엄마(아빠)가 뭘 놓쳤거나 무시했거나 귀담아듣지 않았거나 하는 이유로 네가 서운한 감정을 느꼈던 것 같아. 그게 뭔지 말해줄래? 막연한 짐작으론 알 수 없어. 네가 정확히 알려주길 바라."

대화를 통해서 아이가 느끼는 감정을 받아주는 일은 좋다. 거기에 또 다른 질문을 통해서 스스로 깨닫게 하면 아이는 성장한다. 그런데 터무니없고 근거도 없고 철이 없어서 그런 말을 한다면 되묻는 질문으로 대처할 수 있다.

"네 말을 뒤집어서 다시 물어볼게. 그럼 안 해 준 건 뭐가 있니? 네가 지금처럼 해 준 게 뭐 있냐고 따질 정도의 인지력과 언어능력을 가지고 있다면 그런 능력은 누구로부터 물려받았을까? 네가 부족하거나 선천적 장애가 있는 아이가 아니라면 그것만으로도 큰 혜택을 받은 것 아닐까? 억울해한다는 것도 네 나름의 생각이 있다는 것이니까 그런 생각을 하는 능력은 네가 그동안 보고 듣고 자란 것이 있고 교육을 통해서 배운 것이 있다는 뜻이겠지?"

그리고 부모는 부모로써 최선을 다했다는 것도 알릴 필요가 있다.

"안 해 준 거 생각하기 전에 너에게 해 준 것, 네가 받은 것부터 생각해 봐야 하지 않아? 생명을 부여받았고 네 방이란 권리도 부여받았고 이 집에서 먹여주고 재워주고 교육이라면 뭐든 다 해 주었어. 그 외에도 네가 원하는 것이라면 무엇이든 해 주려고 애썼고 말이야. 그런 것들 외에 네가 부가적으로 원하는 것이 있는데 그것을 즉각 채워주지 않거나 채워주지 못하는 부모가 원망스럽게 느껴질 수는 있어. 금수저로 태어난 아이들이 사는 모습을 보면 일반 흙수저로선 그렇게 태어난 아이들이 마냥 부럽게 느껴질 수도 있고 네가 처한 흙수저의 삶과 비교해 보면 네가 초라하고 비참하게 느껴질 수도 있어."

아이들이 그런 말을 할 때 부모는 자학하거나 좌절에 빠지지 말라. 지극히 주관적인 느낌이다. 어떤 부분에선 아이들의 그 말은 정말 받은 게 없어서일 수도 있지만 상대적 박탈감에 의한 느낌일 수 있다. 주변엔 금수저가 많은데 자신은 흙수저라는 생각을 하고 있다면 그런 상황 자체가 싫어서 그렇게 말할 수도 있다. 상대적 박탈감은 아이들뿐 아니라 어른들도 많이 느끼는 감정이다. 한국 사람들의 행복지수를 거론할 때마다 늘 하위인 이유가 그것이다. 부탄이라는 나라는 한때 '세계에서 가장 행복한 나라'로 알려졌지만, 최근 몇 년 사이에 행복지수가 급격히 하락했다. 그것은 1999년에 TV, 2000년에 인터넷을 도입한 이후 급격한 정보화의 물결 때문이었다. 부탄 국민은 외부 세계와의 비교를 통해 자국의 빈곤과 현실을 더욱 직시하게 되었고, 이는 상대적 박탈감을 유발하여 행복지수의 하락으로 이어졌다. 또한, 도시화와 경제 발전으로 인한 빈부 격차의 심화도 행복지수 하락에 영향을 미쳤다. 도시 지역은 발전을 이루었지만, 농촌 지역은 상대적으로 소외되어 지역 간 행복 수준의 차이가 발생하였다. 외부 세계와의 비교를 통해 상대적 박탈감을 느끼는 현상은 부탄뿐만 아니라 다른 국가에서도 관찰된다.

단적인 예겠지만, 그 불평을 하는 아이의 자리를 누군가 대신할 수 있다고 가정하고, 전 세계에 공모하여 누구나 그 자리에 올 수 있다고 한다면 어떤 일이 생길까? 얼마나 많은 아이가 지원해 올까? 얼마나 많은 아이들이 지금 이 자리를 부러워할까? 지금 아이가 불평하는 그

조건은 제3국의 가난한 나라 아이들에겐 꿈조차 꾸지 못하는 특별한 수준의 혜택일 수 있다.

부모는 그동안 노력했던 자신들에 대해서 피력할 필요가 있다.

"네가 어떻게 생각하든, 엄마 아빠는 너를 위해 최선을 다했어. 너를 잉태했을 때부터 지금까지 네가 편하게 지내도록 먹을 것, 입을 것, 공부할 환경을 마련해 주려고 노력했어. 또 네 마음을 알아주고 공감하려고도 애썼고, 그런 게 네 눈엔 보이지 않았을 수도 있겠지만, 우리가 가족을 위해 노력하고 있다는 걸 알아주었으면 해."

표현된 말과 행동의 이면에는 요구와 욕구가 들어 있다. 그것을 찾아내어 해결하는 게 현명하다. 만약, 겉으로 드러난 것에만 초점을 두고 있으면 문제는 해결되지 않고 상처만 남는다. 상처가 되는 이유는 누군가의 말을 진리라고 믿기 때문이다. 아이가 이런 말을 한 것은 아이의 지금 상태, 지금 느낌, 지금 생각을 표현하는 것이지 아이가 그렇게 말한다고 그런 부모가 되는 것은 아니다. 따라서 불만의 이유 뒤에 숨겨진 의도를 찾는 작업이 필요하다.

"혹 네가 원하는 게 있었는데 우리가 미처 못 알아차린 게 있을 수도 있어. 네가 그런 부분을 더 명확하게 알려주면 더 잘 이해하고 도와줄 수 있어."

그리고 부모로서 타이르듯 말해주어라.

"행복이란 상대적이야. 행복의 다른 말은 만족이고, 감사야. 네가 해준 게 뭐 있냐고 불평한다면 너는 행복을 느끼지 못하고 있는 거겠지? 그건 외부 환경의 문제라기보다 네 생각이 불러온 느낌이야. 네가 해

준 게 뭐 있냐고 할 때 우리도 그런 소리 들으면 미안하고 자괴감이 들기도 해. 그렇지만 우리는 나름대로 최선을 다해 살아왔고 너에게도 최선을 다했어. 그러니 해 준 게 뭐 있냐고 불평한다면 그건 부모 가슴에 대못을 박는 행위야. 그보다 만족하고 감사하는 법을 배워야 하지 않을까?"

## 스트레스 해소하려
## 폰 만진다고?

스마트폰은 좋고 나쁨으로 구분하는 대상이 아니다. 다만, 어떻게 사용하고 어느 시기에 사용하는가에 따라 좋은 물건이기도 하고 안 좋은 물건이기도 하다. 스트레스를 해소하기 위해 스마트폰을 만지작거리는 건 자연스러운 일이다. 스트레스 해소에 어느 정도 도움이 된다. 반대로, 스트레스가 완전히 없어지지도 않고 오히려 더 피곤해지거나 기분이 안 좋아지는 역효과도 있다.

우선은 아이들의 마음을 받아주어라.

"그래. 이해해. 네가 얼마나 스트레스를 많이 받는지 이해가 돼. 그럴 수 있다고 봐. 학교에, 학업에 이것저것 해야 할 것들까지 사실 스트레스 아닌 게 없지. 아무리 일상적인 것들이라도 스트레스가 되는 거

맞아."

그 후에 역효과를 일러주어도 좋다.

"폰은 단순 자극이니 스트레스 해소용으론 맞지. TV에 예능 프로그램이 많아지는 것도 생각이라는 걸 내려놓고 화면이 주는, 그 속에 등장한 인물들이 주는 아주 단순한 말과 행동을 보면서 그냥 웃으면서 스트레스 풀라고 만든 게 맞을 거야. 다만, 스트레스 해소용을 넘어 중독이 의심될 정도로 스마트폰에 집착한다면 그건 좀 생각해 봐야 하지 않을까? 폰 사용 시간이 너무 많아서 학업에 지장이 생기고, 잠자는 시간이 늦어져 아침에 일어나지 못해 학교에 지각하거나 무단결석을 하고, 집에서의 말투나 행동거지도 점점 무례해진다면 그건 과사용이나 과의존 아닐까?"

그리고 중독으로 이어질 위험성도 알려주어야 한다. 동시에 긍정적인 행동을 제시하는 것도 좋다.

"아무리 좋은 것도 과하면 중독이 되기 마련이지. 더구나 너의 스마트폰 이용 시간은 머리를 발달시키는 것이 아니라 단순한 즐거움을 위한 게 전부 아니야? 가장 결정적인 폐해는 스마트폰 중독에 빠져 네가 몰입할 기회를 잃는다는 거야. 몰입은 집중하게 하고 발전하게 하고 직업적으로 성공하게 만들지만 중독은 늘어지게 만들고 게으름의 늪에 빠지게 만들고 귀차니즘에 빠지게 만들지. 그러니 스트레스를 해소할 용도로 스마트폰보다 다른 방식을 찾는 게 낫지 않을까?"

## 이것 좀 안 하면 안 되냐고?

"학원 안 가면 안 돼요?"
"과외 같은 거 안 하면 안 돼요?"
"이것 좀 안 하면 안 돼요?"

초등 5학년생의 볼멘소리였다. 아이가 얼마나 힘겨우면 이렇게 말할까? 측은하고 안타깝고 미안해진다. 아이가 그렇게 반문한다면 부모의 요구에 대한 거부감, 피곤함, 혹은 상황에 대한 이해 부족일 수 있다. 반항의 개념은 아니고 자신의 상황이 너무 버겁다는 하소연이나 푸념이다. 푸념은 푸념으로 받아주면 된다. 푸념은 감정과 의지의 차원에서 볼 때 감정은 Off, 의지는 On이다. 안 한다는 게 아니라 하긴 하는데 힘들다, 하기 싫다, 힘겹다는 뜻이다. 그럴 때 푸념을 푸념으로 받아주면 감정이 On으로 전환된다. 의지는 계속 On이 되므로 기분이 좋아진다. 푸념을 불평으로 해석해서 즉각적인 조치를 해 주는 오류를 범하지 말라. 그리고 아이의 푸념을 듣고 냉정하게 분석해 보니 좀 과하다 싶을 때는 정말 양을 줄이든지 시간을 조절하든지 할 필요가 있다.

"학원이나 과외 같은 거 안 해도 네가 학업을 잘 이행하면 굳이 가지 않아도 돼. 특히 보습학원은 엄마도 억지로 보낼 생각 없어. 네가 자기주도 학습으로 예습과 복습을 철저히 하고 어느 정도의 성적을 유지하고 있다면 굳이 학원 안 가도 돼. 그렇게 나갈 학원비를 가족 여행이나 가족 외식으로 쓰는 게 훨씬 더 좋지."

그리고 보습학원 외에 예체능 관련 학원을 보내는 부분에 대해서도 원칙을 말해주어라.

"예체능 관련한 과외도 그래. 학원에 보내는 것은 지금은 필요성을 몰라도 어른이 되면 네 삶의 풍요로움이 더해질 것을 생각해서 배우라는 거야. 돈 벌어 먹고사는 기술도 필요하지만 삶을 누리고 더불어 살아가는 기술도 필요하거든. 그래서 지금 네 나이 때에 억지로라도 배워두면 그게 나중에 피가 되고 살이 될 것을 알기 때문에 그래."

아이가 지금 배우는 것에 싫증을 느껴서 이렇게 말할 수도 있다. 처음엔 좋아했던 분야라도 싫어질 수 있다. 그렇다고 당장 그만두게 하고, 변덕이 심해 어느 날 또 하고 싶다고 하면 덜컥 등록해 주는 것은 금물이다. 그때도 조용히 일깨워줘야 한다. 아이와 대화를 통해 과도한 부분은 조율하면 된다.

"네가 아무리 좋아하는 것을 배운다 해도 어떤 시점이 되면 하기 싫고 귀찮을 때가 있기 마련이야. 예를 들어 네가 좋아서 보내달라고 한 피아노도 어느 시점이 되면 귀찮고 하기 싫고 의미가 없다고 느끼거나 재능이 없다고 느낄 수도 있어. 슬럼프나 고비가 온 것이지. 그런데 그때 억지로라도 가고 억지로라도 정한 원칙을 지키는 것이 필요해. 이를테면, '어중간하게 마칠 수는 없어. 어느 정도 실력이 될 때까지는 계속 할 거야.'라는 결단이 필요하지. 아니면 무슨 콩쿠르 같은데 출전하겠다거나 연주회를 하겠다고 해도 좋아. 그 연주회가 가족들 앞에서 하는 것이어도 좋고. 어쨌든 그렇게 해서 억지로 버티었는데 실력이 어느 정도 수준에 오르면 그때부터 지경이 확 넓어지는 것과 같아."

그리고 한마디 정도 엄마가 푸념을 말해줘도 좋다.

"이왕 하는 거 좀 더 열심히 해 주면 안 될까? 돈 아깝다는 생각 안 들도록 말이야."

# 왜 인정과 칭찬을
# 안 해 주냐고?

사춘기 자녀가 이렇게 볼멘소리한다면 자신이 노력하고 있다는 걸 부모가 알아주기를 바라는 마음 때문이다. 그 마음이야 사람이라면 누구나 가지는 보편적 특성이다. 아이가 그렇게 말할 때 마음을 그 자체로 받아주는 작업은 필요하다. "칭찬받을 짓을 해야 칭찬하지."라고 반사적으로 말하면 아이는 상처를 입고 마음 문을 닫는다. 굳이 공감까지 안 하더라도 말 자체를 받아주는 인정하기(validating)의 기술은 필요하다.

"네가 그렇게 말하는 것 보니 너는 열심히 노력했는데 내가 칭찬과 인정을 안 해 줘서 섭섭했던 모양이네."

이럴 때 사용하는 기술이 '조건 excuse'이다. "무조건 미안해."가 아니라 "그랬다면 미안해."라고 말하는 방식이다.

"나는 나름 인정과 칭찬을 해 줬다고 생각하고 있었는데, 네가 그것을 못 느낀 모양이네. 그랬다면 미안해."

그다음에는 질문을 통해서 몇 가지 더 확인할 수도 있다.

"너는 어떤 부분에서 부모로부터 인정과 칭찬을 못 받는다고 느꼈어?"

"나는 표현한다고 했는데 표현 방식이 서툴렀을 수도 있어. 또는 네가 감지를 못했을 수도 있고. 그러면 앞으로 어떻게 할까? 내가 어떻게 표현하면 네가 인정받는다는 느낌이 들까?"

아이들이 인정과 칭찬을 바랄 때, 부모는 황당하게 들릴 수도 있다. 하는 행동에서 칭찬해 줄 것이 별로 없다고 생각될 때는 더더욱 그렇다. 그 칭찬의 이유는 성적이라든지, 입상이라든지 구체적인 성과가 있을 때만이 아니다. 생활에서도 얼마든지 할 수 있는데 이때의 원칙은 1%라도 잘한 것은 잘했다고 인정해 주는 것이다. 결과가 나빴더라도 의도는 좋았을 수도 있다. 아마 부모들도 어린 시절에 뭔가 도움이 되려고 한 일이 결과적으로 부모님을 속상하게 해서 호되게 야단맞은 경험이 있을 것이다. 잘못한 부분을 인정하긴 했지만 그래도 마음이 서운했을 테고, 그 일이 상처가 된 사람도 있을 것이다. 그 이유는 행동의 마이너스가 의도의 플러스까지 다 마이너스로 처리되었기 때문이다.

이를테면 싱크대에 쌓인 그릇을 설거지하던 중, 그릇 하나를 깨뜨렸다고 하자. 그럴 때 부모는 대개 이렇게 혼낸다.

"내가 언제 설거지하라고 했니? 왜 시키지도 않은 일을 해서 사고를 치고 그래?"

모든 사건에는 의도가 있기 마련이니 의도만큼은 순수하게 받아줘야 한다.

"그런데 왜 설거지를 했어? 평소에 설거지 않했는데?"

"이젠, 그럴 나이가 되었다고 생각했어요."

"그랬어? 네가 그렇게 생각했다니 기특하다. 또 그것을 실행으로 옮긴 것도 기특하고."

아이의 의도는 인정하고 칭찬해 주어라. 의도를 칭찬하면 행동도 따라오기 마련이다.

"설거지한 건 기특하고 대견하다. 다만, 아직 미숙해서 그릇을 하나 깨뜨리고 말았네(상황 확인). 처음이라 그럴 수 있어(공감하기). 다음엔 좀 더 주의해서 설거지 하렴(기대하는 행동)."

이렇게 구분해서 이야기해 줘야 한다. 99%의 잘못과 100%의 잘못에는 수치상의 차이가 별로 없다고 느낄지 몰라도 1%만큼의 거절감을 느끼게 되고 그런 거절감이 반복되면 누적된 상처로 남는다. 누적된 상처는 분노를 폭발하게 하거나 의욕을 꺾는다. 그러니 1%라도 잘한 부분, 인정할 부분은 인정해 주어야 2%, 3%로 늘어난다. 하루아침에 100% 잘하는 아이로 성장하진 않는다. 부모 슬하에 있다는 것은 아직은 어리고 미숙해서 실수할 때가 많다는 뜻이기도 하다. 그럴 때 부모가 필요하고 부모를 통한 교육이 필요하고 아이는 실수를 통해서 배우는 시간이 된다. 설거지할 때 그릇을 깨지 않는 방법도 배우고 그런 것들이 기초가 되면 다른 일에 대한 개념까지 생기게 된다. 그래서 10살 이전부터 집안의 크고 작은 일을 많이 해 본 아이가 어른이 되었을 때 행복과 성공이라는 두 마리 토끼를 다 잡는다.

# 너 같으면
# 너를 채용하겠니?

"네가 혹 기업의 CEO라면 너 같은 사람을 채용할 거야? 채용한다면 그 이유는 뭐고, 채용하지 않는다면 그 이유는?"

이것은 아이로 하여금 자아 성찰과 미래 지향적인 사고를 유도하는 교육적 질문이다. 글쓰기를 통한 심리치료인 저널 치료(Journal therapy)에서는 글쓰기의 첫 문장을 도약판(Spring board)이라고 하는데, 이 질문은 아이의 생각을 끌어내는 도약판이다. 이 질문으로 아이는 자신의 강점과 약점을 좀 더 객관적으로 바라볼 것이다. 현재 자기 능력, 태도, 행동, 습관이 미래의 성공과 어떻게 연결될 수 있는지도 생각하게 만든다. 동시에 "그렇다면 내가 어떻게 하면 더 나은 사람이 될까?"라고 자문하게 한다. 그렇게 되면 자신의 미래 가능성을 현실적으로 고민하고, 능동적으로 변화하려는 동기를 부여할 수 있어 막연한 공부나 노력보다, 더 구체적인 목표 설정을 하게 만든다.

좀 다른 관점의 질문도 유용하다.

"요즘 기업에서는 신입사원을 뽑을 때, 이력서 보다 자기소개서에 더 큰 비중을 둔다고 해. 그 이유는 뭘까? 특히, 자기소개서의 질문 항목 중에는 '지금까지 살아오면서 위기를 극복한 사례'가 있다고 하는데 그 이유가 무엇일까?"

기업의 CEO라면 단순히 학업 성적만이 아니라 책임감, 협업 능력, 리더십, 창의성 등을 평가할 것이다. 아이는 이 질문을 통해 자신의 대인관계, 협업 태도, 책임감에 대해 고민할 것이다. 그래서 내가 좋은 직업을 갖고 싶다는 나 중심의 발상이 아니라 그 직업이 원하는 역량을 갖춘 사람인가를 고민하게 한다. 특히, CEO의 관점을 생각하게 함으로써, 기업 운영의 개념을 생각하고, 단순히 직업을 얻는 것이 아니라 가치를 창출하는 사람이 되어야 한다는 사고를 형성하게 한다.

그리고 자신만의 독특한(Unique) 특성과 장점을 가질 수 있도록 비유를 통해서 질문하고 설명해 주는 것도 좋다.

"요즘 DSLR은 자동화되어 있어. 그런데 보이그랜더(Voigtländer)라는 렌즈회사는 지금도 수동렌즈만 생산해. 자동초점이 기본인 시대에 여전히 수동렌즈를, 그것도 일반 렌즈에 비해 최소 세 배 이상 비싼 가격으로 출시하는 이유는 무엇일까? 그 회사가 유지된다는 건, 여전히 소비자가 구매를 한다는 것인데, 그렇다면 그 소비자들은 무슨 이유로 그 렌즈를 구입해서 사용할까?"

정답을 요구하는 질문이 아니라 생각을 요구하는 질문이다. 아이가 어떤 생각을 말하던 일리가 있다고 받아주어라. 그리고 설명을 덧붙일 수 있다.

"그것은 그 렌즈만의 특별한 능력 덕분이야. 수동렌즈는 카메라를 조작하는 기계식 카메라의 감성을 재현하게 해 줘. 게다가 밝은 렌즈에 색감이 아주 진득해서 사진 결과물을 보면 누구라도 탄성을 지르게 만들어. 사진의 결과물이 워낙 좋으니 수동의 불편은 아무런 문제가 되지 않아. 카메라의 본질은 좋은 사진에 있으니까."

닫는 말
# 부모는 자녀의 멘토다

"자식 농사 잘 지었다."

지인들로부터 이 말을 듣는 부모는 얼마나 뿌듯할까? 나보다 위대한 자식을 세상으로 파송하는 사명을 완수한 부모의 행복이다. 나보다 더 훌륭한 자식, 나보다 유명한 자식, 나보다 더 잘 생기고 예쁜 자식은 부모의 큰 자랑이요 행복이다. 이런 사람의 중년기와 황혼기는 여유와 보람으로 가득하다.

독일 출신의 미국 발달심리학자이자 정신분석학자인 에릭 에릭슨(Erik H. Erikson)은 생애 발달 8단계 중 맨 마지막 단계를 '통합 vs. 절망(Integrity vs. Despair)'이라 말했다. 자식 농사 잘 지은 부모는 보람과 여유를 누리겠지만, 자식 농사를 망친 부모는 후회와 절망의 한숨을 쉬어야 한다. 그것의 차이는 자녀의 사춘기를 어떻게 멘토링 했는가에 달려있다.

부모를 통해 애착과 친밀감을 경험한 어린 자녀는 좋은 성품의 소유자가 된다. 부모를 능가하는 유능한 자녀는 세상의 빛과 소금이 된다. 그 중간 과정에 있는 사춘기는 그럴 준비를 본격적으로 하는 시기다. 그래서 사춘기를 어떻게 보냈는가에 따라 자녀의 인생이 달라진다. 따라서 사춘기는 반항기가 아니고 질풍노도의 시기도 아니라, 생애 발달단계로서 자기 인생을 스스로 준비하는 시기요, 자녀와 부모 모두에게 가장 행복한 시기다.

벼농사도 단계가 있다. 처음에 볍씨 물에 불리기, 못자리 만들기, 이앙(移秧)하기, 관리하기, 물빼기, 추수하기, 말리기로 이어진다. 벼는 습지식물이라 물을 공급하는 것으로 농사를 시작하나 물을 빼는 것으로 마무리한다. 어린 벼에 물을 공급하지 않는 짓도 어리석은 일이지만, 영글어가는 벼에 물을 공급하는 짓도 어리석다. 부모 역할도 단계가 있다. 갓난아기 때는 황제처럼 모셔야 하고(애착), 어릴 때는 원숭이처럼 놀아줘야 하고(친밀감), 다 큰 자녀는 일꾼으로 만들어야 한다(능력자). 부모의 멘토링은 단계에 맞춰야 한다.

자녀들은 부모의 멘토링을 원한다. 현대의 부모들은 그럴 자격과 능력을 충분히 갖추었다. 이 책을 읽은 부모들이 사춘기 자녀의 멘토가 되겠노라 팔을 걷어붙인다면 저자로서 행복하다. 그런 부모들에게 다시 한번 파이팅을 외친다.

"사춘기 자녀 부모 파이팅!"

## 사춘기 자녀
## 부모 파이팅

1판 1쇄 | 2025년 5월 1일

지은이 | 이병준
펴낸이 | 박상란
펴낸곳 | 피톤치드

디자인 | 디디앤 김다은 교정 | 박희진
경영·마케팅 | 박병기
출판등록 | 제387-2013-000029호
등록번호 | 130-92-85998
주소 | 경기도 부천시 길주로 262 이안더클래식 133호
전화 | 070-7362-3488
팩스 | 0303-3449-0319
이메일 | phytonbook@naver.com

ISBN | 979-11-92549-48-4(03370)

• 가격은 뒤표지에 있습니다.
• 잘못 만들어진 책은 구입하신 서점에서 바꾸어 드립니다.